プラバンで作る ステキなお花の アクセサリー

しば さおり

PHP

はじめに

子どものころに出会ったプラバン。
その可愛らしさに夢中になっていた。
たくさん恋をして、大人になり、
プラバンのことなんてすっかり忘れていた。
そして月日はたちプラバンと再会した。
過去には感じなかった
「美しさ」と「儚(はかな)さ」があった。

そんな私の気持ちを
お花のプラバンで表現してみました。
可憐な花・清楚な花……
ステキなお花のプラバンを作ってみてください。

CONTENTS

はじめに

Part 1　平面プラバン
　　　　04　バラ
　　　　05　ダリア
　　　　05　マリーゴールド
　　　　06　うめ
　　　　06　つばき
　　　　07　ポピー

Part 2　立体プラバン
　　　　08　すいせん
　　　　08　さくら
　　　　08　パンジー
　　　　08　たんぽぽ
　　　　10　アネモネ
　　　　11　アイビー
　　　　11　ゆり
　　　　12　ラナンキュラス
　　　　14　すいれん
　　　　15　あじさい
　　　　16　ひまわり
　　　　18　いちょう
　　　　19　きんもくせい
　　　　20　コスモス
　　　　20　アスター
　　　　22　ひいらぎ
　　　　22　ポインセチア
　　　　23　ぼたん

Part 3　お花のマリアージュ
　　　　24　ブートニア
　　　　25　ヘッドドレス＆ベール
　　　　26　ネックレス

Part 4　お花のプラバンの作り方・型紙
　　　　28　材料と道具
　　　　30　平面プラバン　基本の作り方
　　　　36　立体プラバン　基本の作り方
　　　　78　お花のマリアージュ　作り方

平面プラバン

Part 1

バラ | Bracelet & Necklace

クラシカルな香りに
遠い日に思いをはせて

ダリア・マリーゴールド ｜ Pierce

いつもより背伸びしたいから
おすまし顔で耳飾り

バラ・ダリア・マリーゴールド　作り方⇒P.30

和の花に心和む

うめ・つばき ｜ Hair pin & Brooch

花あふれて　恋の予感

ポピー　| Necklace

うめ・つばき・ポピー　作り方⇒ P.30

立体プラバン

Part 2

かわいい春が咲きました

すいせん | Ring & Earring

さくら | Button & Pierce

パンジー | Pierce & Ring

たんぽぽ | Ring

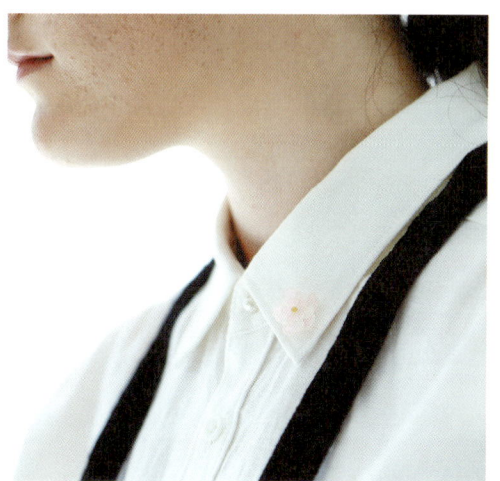

すいせん 　作り方⇒ P.51
さくら 　作り方⇒ P.46
パンジー 　作り方⇒ P.47
たんぽぽ 　作り方⇒ P.50

美しく儚(はかな)く
「あのね……」とそっとつぶやく

アネモネ ｜ Brooch
アネモネ 作り方⇒P.44

なにげない毎日に
ちょこっと草花を楽しんでみる

アイビー | Brooch
ゆり | Hat pin

アイビー 作り方⇒P.58
ゆり 作り方⇒P.55

ごきげん

ハナウタ
ラララララ……♪

ラナンキュラス　|　Ribbon Necklace

ラナンキュラス　　作り方⇒ P.54

水面にほんのり色づく

すいれん | Necklace

すいれん 📖 作り方⇒ P.59

あじさい | Brooch & Ear cuff

アメ　アメ
アオニコイヲシテ

雨　雨
青に恋をして

あじさい 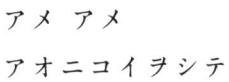 作り方⇒P.62

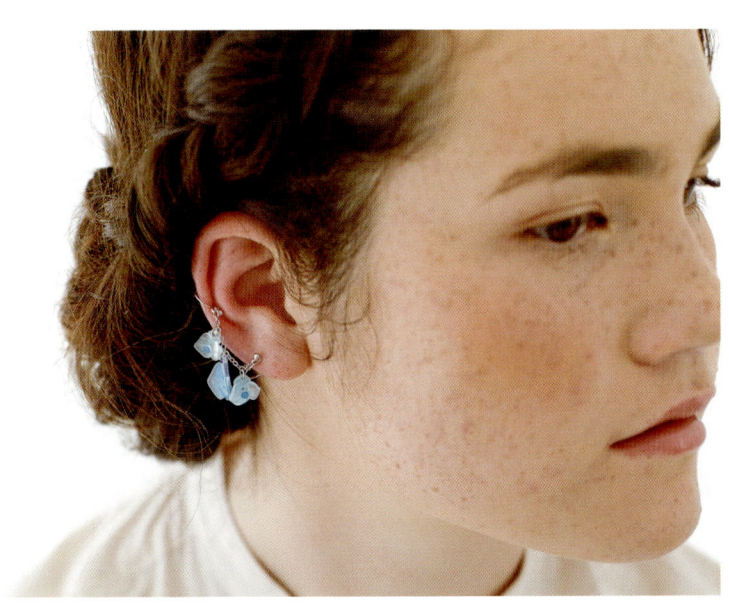

ひまわり ｜ Hair elastic

「私だけを見つめて……」
そっと願った乙女の夏

ひまわり 作り方⇒ P.63

いちょう │ Bracelet

ひら ひら と
かわいい秋 見つけたよ

いちょう 作り方⇒ P.70

きんもくせい | Pierce & Ring

ちいさなお花と
あまい香り

きんもくせい　作り方⇒ P.66

コスモス　| Brooch
アスター　| Shoe clip

おさんぽ日和
お出かけはお花といっしょ

コスモス 作り方⇒P.67

アスター 作り方⇒P.36

ひいらぎ | Pierce　　ポインセチア | Necklace

クリスマスカラーが彩る季節

ひいらぎ 作り方⇒ P.74　　ポインセチア 作り方⇒ P.71

ぼたん | Necklace

探してね
ここで咲いているから

ぼたん 作り方⇒ P.75

お花のマリアージュ

Part 3

ブートニア | Boutonniere

凛とした気品を胸に
たしかに　歩いていく

作り方⇒ P.79

透き通るように清らかで美しくて
この日のために存在するもの

ヘッドドレス&ベール | Head dress & Veil

作り方⇒ P.78

ネックレス ｜ Necklace

大好きをいっぱい集めて、可憐な花かざり

作り方⇒ P.79

お花のプラバンの作り方・型紙

Part 4

○ プラバンを扱うときの注意
―

・本書で紹介している用途以外に使用しないでください。
・プラバンの角や端は鋭いので、指などを切らないように気をつけましょう。
　焼く前に必ず角のとがった部分をカットしてください。
・お子さまが扱うときは保護者の方が必ず付き添ってください。

○材料・道具を扱うときの注意
―

・プラバンにやすりをかけるときは、粉塵が出るのでマスクを着用し、作業後は
　手を洗いましょう。
・油性ペンを使用する際は、使用上の注意を守ってください。
・アルコールや有機溶剤を含む接着剤を使用の際は、火気や換気に気をつけてく
　ださい。
・はさみや目打ちを使うときはけがをしないように気をつけてください。
・油性ペンで着色したアクセサリーは皮脂（油分）やアルコールに弱いので気を
　つけましょう。

○ プラバンを加熱するときの注意
―

・オーブントースターのそばに物を置かないでください。
・プラバンをオーブントースターで焼くときは、目を離さないでください。
・繰り返しオーブントースターを使うときは、一度トースターを冷ましましょう。
・加熱しすぎると高温になり、オーブントースターから煙が出ることがあるので
　気をつけてください。
・煙が出た場合は、オーブントースターのスイッチを切る、もしくはプラグを抜き、
　オーブントースターの扉をあけたまま、部屋の換気を行ってください。
・油性ペンやアルコール、スタンプクリーナーが乾ききらない状態で加熱すると
　引火の恐れがあるので、完全に乾いてから焼いてください。
・焼いた直後のプラバンはたいへん熱いので、必ず手袋を着用して成形ください。
・加熱中や加熱後のトースターは、高温になるので直接手で触れないでください。
・電子レンジは使用しないでください。必ずオーブントースターを使用してください。

材料と道具

プラバンアクセサリー作りをはじめる前に、
まずは必要な材料や道具をそろえましょう。
本書掲載のプラバンを作る際に必要なアイテムを紹介します。

プラバン

本書では透明、0.2mmの厚さのものを使用します。

オーブントースター

プラバンを焼くときに使用。メーカーにより、加熱時間など違いがありますので、調節してください。

紙やすり

プラバンをすりガラスのような質感にします。本書では600番を使います。

ウェットティッシュ

紙やすりをかけたプラバンをふくときに使います。

マスキングテープ

型紙を写すときの固定や着色の際、色を着けたくない部分に貼ります。

油性ペン

着色に使います。太細両用タイプがおすすめ。白もしくは不透明色は平面プラバンの裏に使用。

牛乳パック

プラバンにやすりをかけるときや色をぬるときに下敷きとして使います。

アルコール

油性ペンでぬった部分をぼかすときに使用。無添加の消毒用エタノールを選んでください。

キッチンペーパー

色をぼかすときに、アルコールをしみ込ませます。使いやすい大きさにカットしましょう。

スタンプクリーナー・綿棒

色をぬった部分を薄めたり、消すときに使います。

ドライヤー

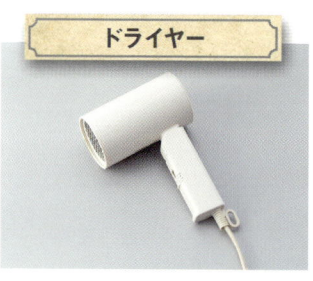

スタンプクリーナーを使ったあと、プラバンを乾かすために使用します。

はさみ

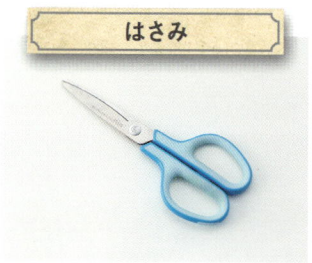

プラバンや型紙を切るときに使用。切れ味がよいものを選びましょう。

目打ち

型紙を写したり、花びらや葉の模様をつけるときに使います。

穴あけパンチ

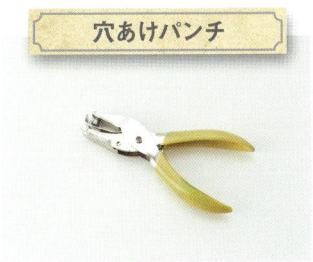

丸いパーツを作るときに使います。5mmのひと穴タイプがおすすめ。

クッキングシート

プラバンを焼くとき、天板の上に敷きます。シリコン加工のものを選んでください。

綿手袋

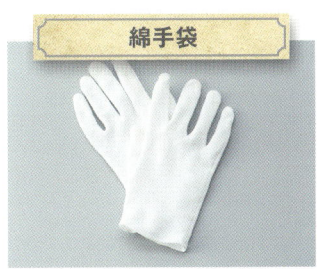

焼いたプラバンを取り出す際や立体成形するときに使用。手にフィットするサイズを選びます。

プレス用のノート・本

平面プラバンを焼いたあとに、平らに整えるためにノートや本を使います。

ビニールボール

花びらや葉の成形に使用。野球ボールの大きさ、スーパーボール程度の硬さのあるものを。

接着剤

プラバンの接着は弾力性のあるタイプ、細かいパーツはノズルが細いタイプ、アクセサリーパーツには強度の強いタイプを使用。

ピンセット

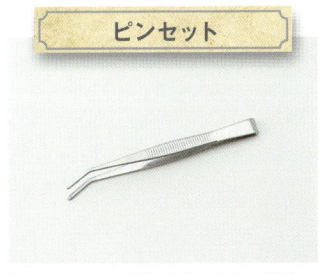

細かいパーツを接着するときに使うと便利です。

竹串

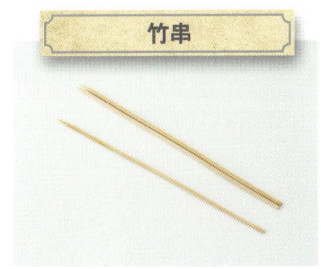

細長いパーツを焼くとき、くっつかないようにプラバンを押さえたり、細かいパーツの接着に使います。

ピンバイス

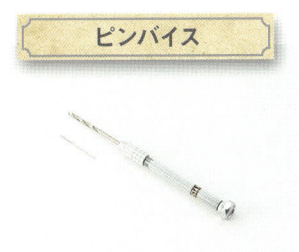

アクセサリーのパーツなどをつける穴をあけます。プラバンを焼く前は3mm、焼いたあとは1mmのドリルを使います。

やっとこ・指カン

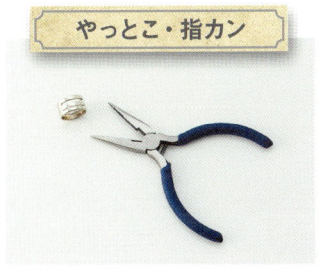

丸カンやボールチップなどのアクセサリー用金具を開閉するときに使います。やっとこは先が平たいタイプがおすすめ。

アクセサリーパーツ

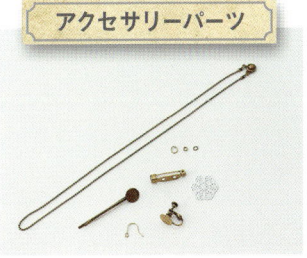

ブローチやピアスなど、アクセサリーのパーツ。詳細は各作品の作り方ページを参照。

平面プラバン　基本の作り方

描いて、切って、焼くだけだから簡単。
まずは平面プラバンのお花を作ってみましょう。

STEP 01	STEP 02	STEP 03	STEP 04	STEP 05
ベースを作る	着色する	花の輪郭線を切る・穴をあける	オーブントースターで焼く・プレスする	アクセサリーパーツをつける

STEP 01　ベースを作る

1. やすりをかける

プラバンの片面にまんべんなくやすりをかける。出た粉はウェットティッシュでふき取る。

2. 型紙の大きさに切る

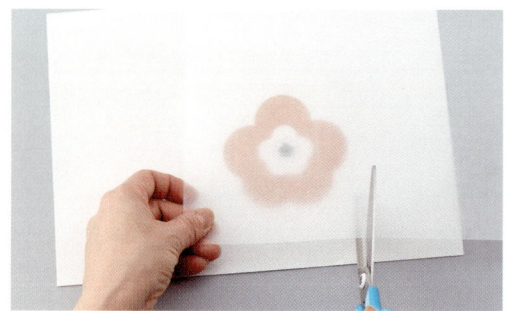

型紙の大きさに合わせてプラバンを大まかにはさみで切る。

STEP 02　着色する

ポピー・うめ

やすりをかけた面を上にしたプラバンを型紙の上にのせ、油性ペンで輪郭をなぞって色をぬる。花芯や枠を細いペンで描く。

ポピー　作品 ⇒ P.07　　型紙 ⇒ P.35
うめ　　作品 ⇒ P.06　　型紙 ⇒ P.35

30

ダリア・マリーゴールド

やすりをかけた面を上にしたプラバンを型紙の上にのせ、油性ペンで型紙の線をなぞる。中心から描くのがおすすめ。花びらや葉の色をぬるときは、輪郭をなぞってから色をぬるときれいに仕上がる。

ダリア　作品 ⇒ P.05　型紙 ⇒ P.34
マリーゴールド　作品 ⇒ P.05　型紙 ⇒ P.34

バラ・つばき

バラ　作品 ⇒ P.04　型紙 ⇒ P.34
つばき　作品 ⇒ P.06　型紙 ⇒ P.35

1. なぞる

型紙の輪郭線の内側を油性ペンでなぞる。

2. ぼかす

綿棒の片側をスタンプクリーナーに浸し、全体的に色をぼかす。

3. 乾かす

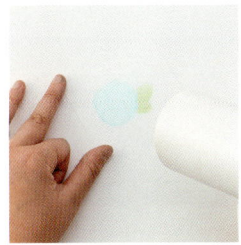

ドライヤーで乾かす。スタンプクリーナーがしっかり乾いていないと色がにじむので注意。

4. 線を描く

花びらや花芯の線を描く。細いペンで線を描くと、きれいに仕上がる。

STEP 03　花の輪郭線を切る・穴をあける

1. 花の輪郭線を切る

P.30 STEP 01 2でざっくり切ったプラバンを花の輪郭にそってはさみで切る。

細かい部分は、まず一方向から切り次に反対方向から切る、もしくは、はさみを入れ替えながら切る。

2. アクセサリーパーツ用の穴をあける

アクセサリーパーツに合わせて、ピンバイスで穴をあける。オーブントースターで焼く前なので3mmのドリルを使用。焼いたあとに1mmのドリルであけてもOK。

STEP 04　オーブントースターで焼く・プレスする

1. 120℃で焼く　　**綿手袋を必ず着用してください**

オーブントースターは120℃くらいに温めておく。天板にクッキングシートを敷き、着色した面を上にしてプラバンを置いて焼く。※焼くときは必ず1枚ずつ焼く。

2. プラバンが縮む　　**目を離さないでください**

オーブントースターに入れて10〜20秒後にぐにゃぐにゃ縮みはじめる。

3. プラバンを取り出す　　**1/4ぐらいに縮みます**

平らになってきたら、さらに2〜3秒待って取り出す。※くっついても時間がたつとはがれます。熱しすぎないこと。

4. プレスする　　**綿手袋を必ず着用してください**

取り出したプラバンはノートや本などにはさみ、上から軽く押さえ、平らにする。

STEP 05　アクセサリーパーツをつける

ポピー ｜ Necklace

花と花をCカンでつなげる。チェーンネックレスは2等分にカットし、Cカンで花とつなげる。●留め金具付きチェーンネックレス（作品は40cm）、<大>Cカン3×4mm 11個・<小>丸カン3mm 14個

うめ・つばき ｜ Hair pin & Brooch

アクセサリー金具が透けないように、プラバンの裏面を白（不透明）の油性ペンでぬる。アクセサリーパーツの台座に接着剤を薄くのばし、プラバンと接着する。●丸皿付きヘアピン　●ブローチピン

ダリア・マリーゴールド ｜ Pierce

花とピアスを丸カンでつなげる。●ピアス金具、丸カン3.5mm 各1個

バラ ｜ Bracelet & Necklace

パールをテグスに通して両端をボールチップでとじ、丸カンで留め金具をつなげる。ネックレス、ブレスレットそれぞれに花を丸カンでつなげる。●ネックレス：チェコガラスパール6mm（作品は68個）、テグス、丸カン3.5mm 5個、留め金具1組、ボールチップ2個、つぶし玉2個　●ブレスレット：パール4mm（作品は43×2個）、テグス、丸カン3.5mm 10個、留め金具1組、ボールチップ4個、つぶし玉4個

POINT　アクセサリーパーツのつけ方ポイント

A. 丸カン・Cカンの開閉

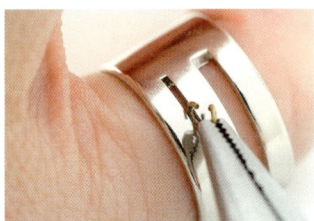

丸カンやCカンの開閉はやっとこ2本を持って、輪を前後にずらすようにする。

利き手ではない親指に指カンをつける。指カンの溝に丸カンやCカンをはめ、やっとこで輪を前後にずらして開閉する。

B. ボールチップのつけ方

写真上）つぶし玉の穴にテグスを通してやっとこでつぶし、接着剤を少量つける。写真下）やっとこでボールチップの両端をはさんで閉じる。

33

型紙

バラ

🌸 作品 ⇒ P.04　📖 作り方 ⇒ P.30

仕上がりサイズ：直径 約2cm（型紙原寸）
　　　　　　　直径 約1.5cm（型紙75％縮小）

綿棒の片側をスタンプクリーナーに浸し全体の色をぼかす。ぼかしたあともう片側でからぶきしながら、色の濃淡を調整する

ダリア

🌸 作品 ⇒ P.05　📖 作り方 ⇒ P.30

仕上がりサイズ：直径 約3.5cm（型紙原寸）
　　　　　　　直径 約2.8cm（型紙75％縮小）

マリーゴールド

🌸 作品 ⇒ P.05　📖 作り方 ⇒ P.30

仕上がりサイズ：直径 約2.5cm（型紙原寸）

型紙

ポピー

作品 ⇒ P.07　　作り方 ⇒ P.30

仕上がりサイズ：直径 約3cm（型紙原寸）
　　　　　　　　直径 約1.5cm（型紙50％縮小）

花芯の線は最後に油性ペン（細）の黒でなぞる

つばき

作品 ⇒ P.06　　作り方 ⇒ P.30

仕上がりサイズ：直径 約3cm（型紙原寸）
　　　　　　　　直径 約2cm（型紙70％縮小）

うめ

作品 ⇒ P.06　　作り方 ⇒ P.30

仕上がりサイズ：縦・横 約3cm（型紙原寸）
　　　　　　　　縦・横 約2cm（型紙75％縮小）

枠線は目打ちでなぞるとよい

立体プラバン　基本の作り方

平らなプラバンを丸めたり、曲げたり、ねじったり。
ちょっとひと手間でかわいい立体のお花の完成です。

アスター ｜ Shoe clip

STEP 01	ベースを作る
STEP 02	着色する
STEP 03	模様を描く
STEP 04	花の輪郭線を切る・花芯の丸いパーツを作る
STEP 05	オーブントースターで焼く
STEP 06	立体に成形する
STEP 07	各パーツを接着する
STEP 08	アクセサリーパーツをつける

作品 ⇒ P.20　　型紙 ⇒ P.42

STEP 01　ベースを作る

1. やすりをかける

プラバンの片面にまんべんなくやすりをかける。出た粉はウェットティッシュでふき取る。

2. 型紙の線をなぞる

> やすりをかけていない面をなぞります

プラバンを型紙にのせ、花の輪郭線と破線を目打ちでなぞる。マスキングテープでプラバンを固定するとなぞりやすい。

3. 型紙の大きさに切る

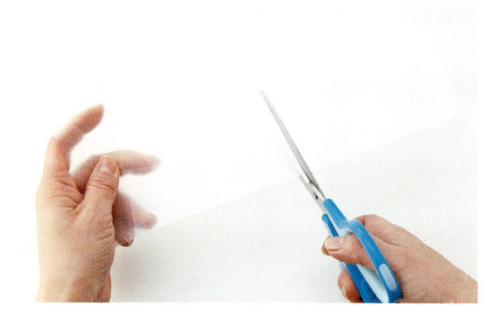

なぞった線の外側をはさみで切る。着色後、輪郭線に従って切るので、着色する余白を残して大まかに切る。

> やすりをかけた面に
> 着色します！

`STEP 02` 着色する

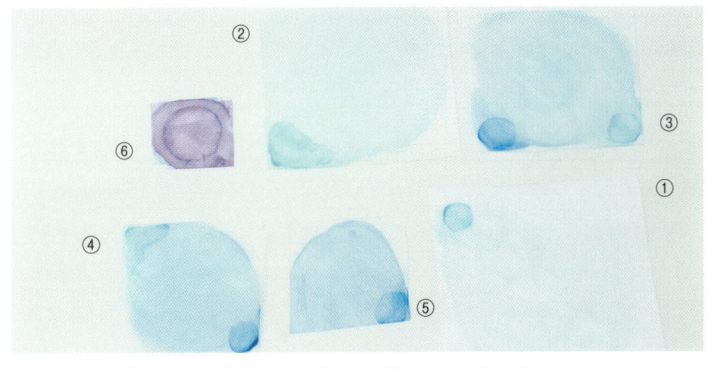

型紙①～⑥の花びらは油性ペンで輪郭線の外側に小さな円を描く。次にアルコールを浸したキッチンペーパーでぼかしながら、花びらに色をつける。※下記で紹介のPOINTとP.42型紙ページを参照。

⑦の花芯の丸いパーツは油性ペンで輪郭線の内側全体に色をぬり、キッチンペーパーでぼかす。※下記で紹介のPOINT C＋2を参照。

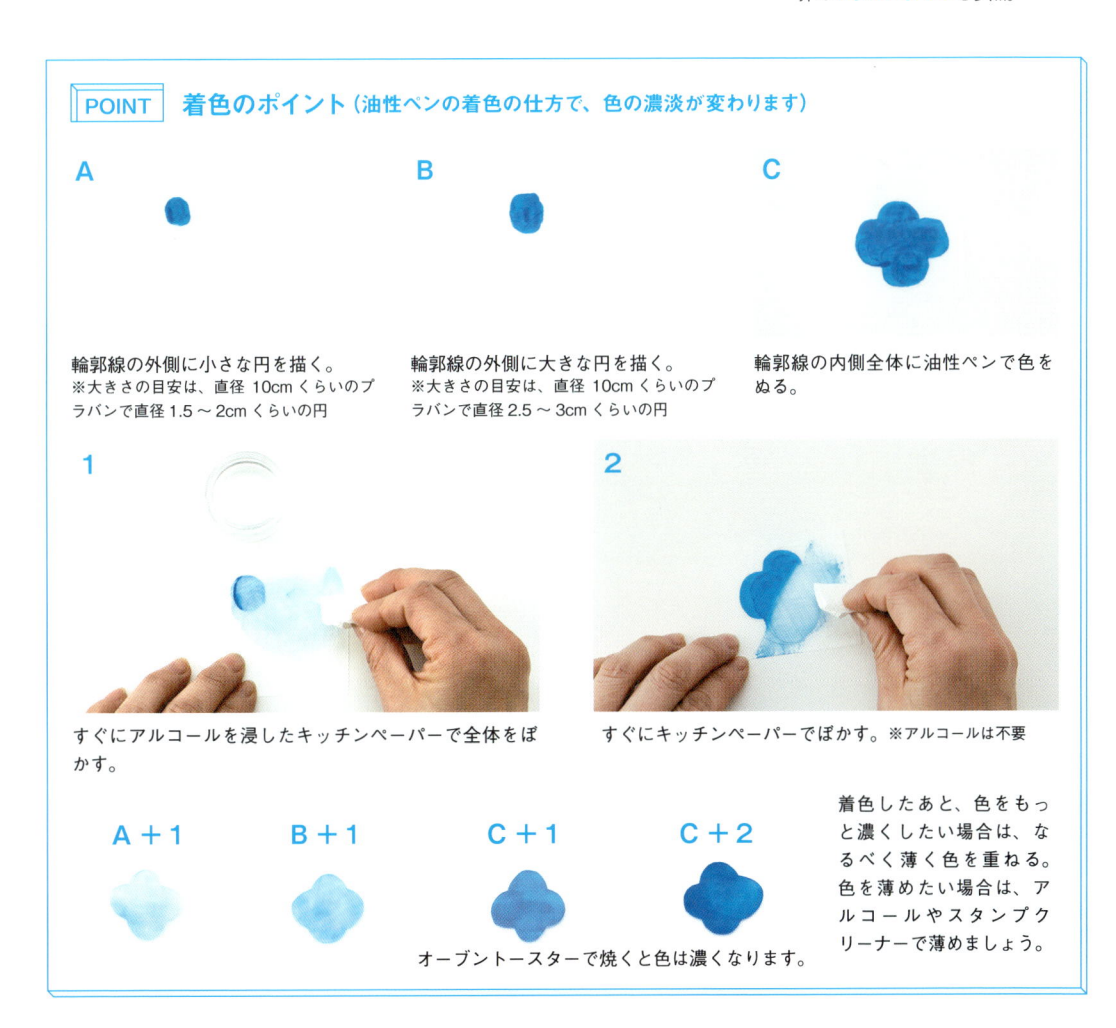

`POINT` 着色のポイント（油性ペンの着色の仕方で、色の濃淡が変わります）

A
輪郭線の外側に小さな円を描く。
※大きさの目安は、直径10cmくらいのプラバンで直径1.5～2cmくらいの円

B
輪郭線の外側に大きな円を描く。
※大きさの目安は、直径10cmくらいのプラバンで直径2.5～3cmくらいの円

C
輪郭線の内側全体に油性ペンで色をぬる。

1 すぐにアルコールを浸したキッチンペーパーで全体をぼかす。

2 すぐにキッチンペーパーでぼかす。※アルコールは不要

A＋1　B＋1　C＋1　C＋2

オーブントースターで焼くと色は濃くなります。

着色したあと、色をもっと濃くしたい場合は、なるべく薄く色を重ねる。色を薄めたい場合は、アルコールやスタンプクリーナーで薄めましょう。

アスター ｜ Shoe clip

STEP 03　模様を描く

型紙を参考にして、色をぬった面を上にしたプラバンに、目打ちで花の模様を入れる。左右対称の花や葉は型紙にのせるときれいに仕上がる。

STEP 04　花の輪郭線を切る・花芯の丸いパーツを作る

1．破線を切る

目打ちでなぞった型紙の --- 破線を外側、花びらと花びらの間の順番にはさみで切る。

2．花の輪郭線を切る

花の輪郭線は全部を一度に切ろうとせず、まわしたりしながら実線をはさみで切って、花の形にする。

3．花芯の丸いパーツを作る

花芯用に穴あけパンチで丸形を抜く。※焼き上がりにムラがあるので、6〜8個くらい多めに作るといいでしょう。

POINT　そのほか、立体プラバンの切り方、穴のあけかたのポイント

A．切り込みを入れる

型紙の切り込み線を目安に細かく切り込みを入れる。細かく刻むほどきれいに仕上がる。

B．アクセサリーパーツ用の穴をあける

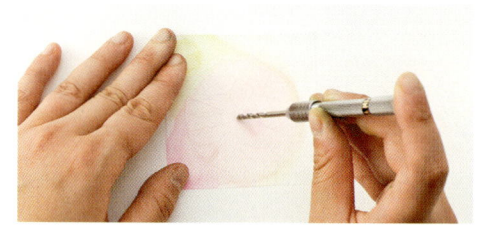

アクセサリーのパーツ用にピンバイスで穴をあける。焼く前は 3mm のドリルで。一気にあけようとせず、少しずつこじあけるような感覚で。焼いたあとに 1mm のドリルであけても OK。

38

STEP 05　オーブントースターで焼く

1．120℃で焼く

> 綿手袋を必ず着用してください

オーブントースターは120℃に温めておく。天板にクッキングシートを敷き、着色した面を上にしてプラバンを置いて焼く。※焼くときは必ず1枚ずつ焼く。

2．プラバンが縮む

> 目を離さないでください

オーブントースターに入れて10～20秒後にぐにゃぐにゃ縮みはじめる。

3．プラバンを取り出す

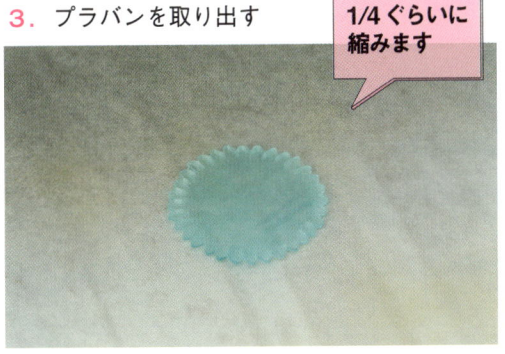

> 1/4ぐらいに縮みます

完全に平らになったら、さらに2～3秒待って取り出す。※くっついても時間がたつとはがれます。熱しすぎないでください。

4．丸いパーツを焼く

パーツどうしがくっつかないように、プラバンをのせる。ぷくっと膨れたら、クッキングシートごと取り出す。5～10秒が目安。

ATTENTION!　焼くときの注意

オーブントースターから出してすぐ立体成形する必要があるので、プラバンは1枚ずつ焼きましょう。

プラバンの大きさは使用するオーブントースターに入るように型紙の大きさを調節しましょう。

細長いプラバンはくっつきやすいので、オーブントースターの扉を半開きにし、竹串でプラバンの端を押さえながら焼きましょう。

【ビフォー＆アフター】

焼く前　　------>　　焼いたあと

オーブントースターで焼くと、約1/4の大きさに縮んだり、厚みも変わります。同じプラバンでも縦横の縮み方に差ができるなど、焼き上がりの微妙な変化も手作りならではの味わいです。

アスター | Shoe clip

STEP 06 立体に成形する

> プラバンが熱いうちに成形してください。必ず綿手袋を着用してください

A. ボールで成形する

ボールにプラバンを押し当て、ボールを回転させながら丸みをつける。

B. 指で成形する

ボールがない場合は親指のはらにプラバンを押し当て、残りの指で押さえながらプラバンを回転させて丸みをつける。

POINT そのほか、立体プラバンの成形のポイント

C. 親指と人差し指で押し曲げて成形する

両手の親指と人差し指でひし形のような形を作り、プラバンを押し曲げる。

D. 人差し指の先で成形する

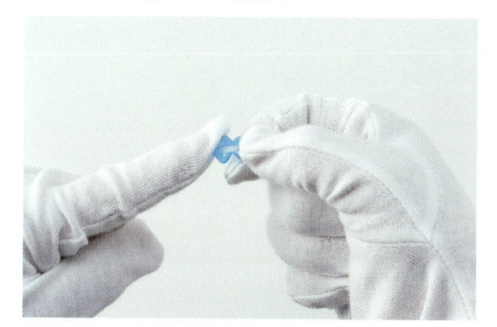

小さな花は、人差し指の指先を使い、少し曲げる。

E. 指の先で成形する

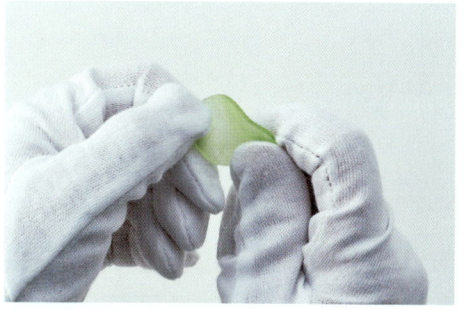

少しだけ曲げたり、ねじったり、丸みをつけたりする場合は指の先を使って成形する。

F. ペンに巻きつけて成形する

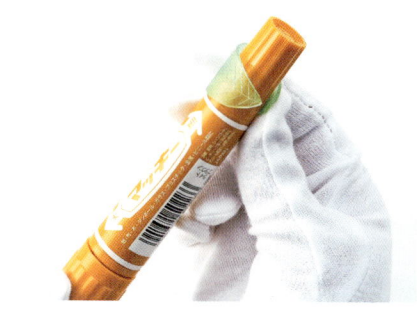

ペンに巻きつけ、輪の形にする。※リングを作るときは、指の太さに合わせたペンを選びましょう。

> 外側の大きな花びらに接着剤をつけて、小さな花びらを重ねていく

STEP 07　各パーツを接着する

①から⑦の順番に少量の接着剤で接着する。接着剤は弾力性のあるタイプを使うのがおすすめ。

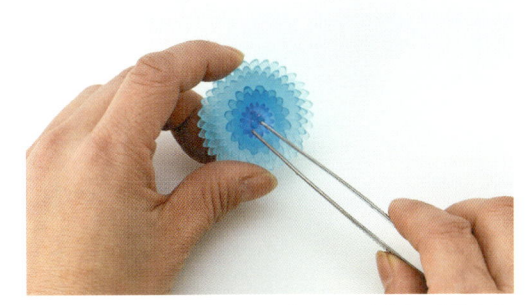

丸いパーツなど細かいパーツはピンセットや竹串で接着する。※小さくて細かいパーツほど折れやすいので注意しましょう。

STEP 08　アクセサリーパーツをつける

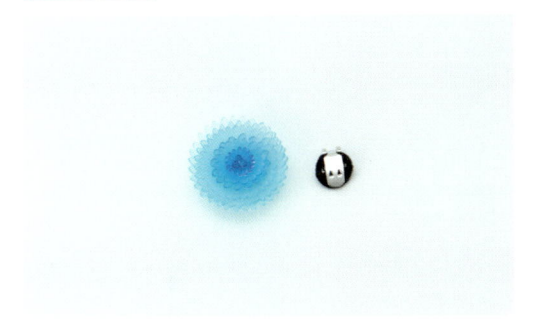

シューズクリップ金具の表側全体に、強度の強い接着剤を薄くのばし、花を接着する。●シューズクリップ金具

POINT　接着剤の種類とつけ方のポイント

弾力性のあるタイプ・・・プラバンの接着に使用。接着してから５分くらいは位置の調節ができます。

ノズルの細いタイプ・・・細かいパーツの接着に使用。丸いパーツなど細かいパーツの接着に便利です。

強度の強いタイプ・・・アクセサリーのパーツの接着に使用。強度の強い瞬間接着剤などが最適です。

アスターの作り方を基本に、
P.44 から各作品ごとに、
作り方のポイントを紹介します。

本書の使い方

- 本書掲載の型紙は基本形の原寸サイズです。お好みのサイズやご家庭のオーブントースターのサイズに応じて、拡大縮小コピーをしてお使いください。
- 型紙近くに注意書きがあるものは、その指示に従ってください。
- アクセサリーパーツに記載の数字は作品ひとつで使用する個数です。ピアスやイヤリングなどセットで使うものは、各アクセサリーパーツを×2でご用意ください。
- 型紙ページに記載の色は本書で紹介の作品で使用した色です。→のあるものは、色の着色順です。
  例：水色→青の場合は、最初に水色で着色、次に青で着色　※最後にぬる色によってイメージが異なります。

型紙

アスター

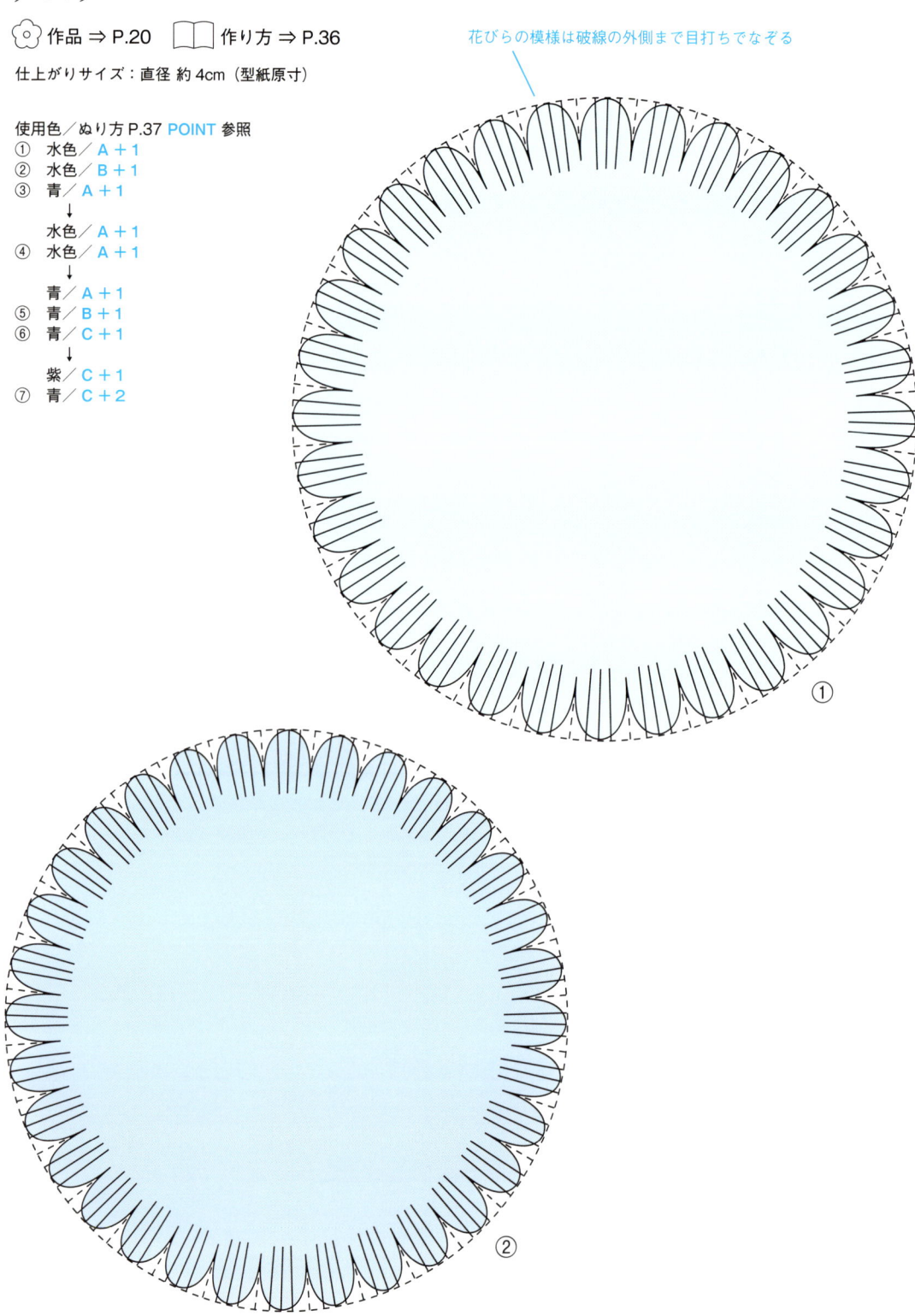

作品 ⇒ P.20　　作り方 ⇒ P.36

仕上がりサイズ：直径 約4cm（型紙原寸）

使用色／ぬり方 P.37 POINT 参照
① 水色／A＋1
② 水色／B＋1
③ 青／A＋1
　↓
　水色／A＋1
④ 水色／A＋1
　↓
　青／A＋1
⑤ 青／B＋1
⑥ 青／C＋1
　↓
　紫／C＋1
⑦ 青／C＋2

花びらの模様は破線の外側まで目打ちでなぞる

③

④

⑤

⑥

⑦
使用するのは 3 個

アネモネ | Brooch

STEP 01	ベースを作る
STEP 02	着色する
STEP 03	模様を描く
STEP 04	花の輪郭線を切る・切り込みを入れる・花芯の丸いパーツを作る
STEP 05	オーブントースターで焼く
STEP 06	立体に成形する
STEP 07	各パーツを接着する
STEP 08	アクセサリーパーツをつける

P.36〜41の基本の作り方を参照

作品 ⇒ P.10　　型紙 ⇒ P.48

STEP 01　ベースを作る

1. クッキングシートにマスキングテープを貼る

型紙①②の上にクッキングシートをのせ、白く残す部分に上からマスキングテープを貼る。油性ペンで線をなぞる。

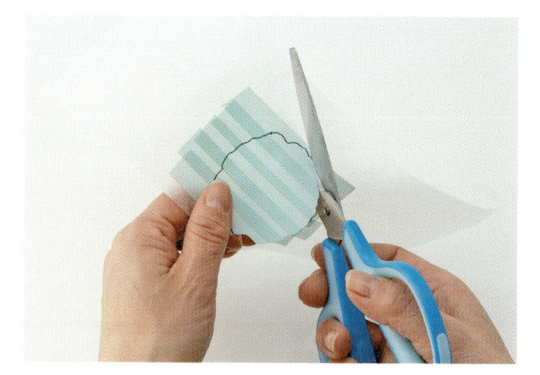

2. クッキングシートを切る

なぞった線に従ってクッキングシートをはさみで切る。線を残して切ると、色がにじむので線の内側を切ること。

3. マスキングテープをプラバンに貼る

クッキングシートからマスキングテープをはがして、型紙の上にのせたプラバンに貼る。

STEP 02　着色する

P.48型紙ページを参照してください。着色後、マスキングテープをはがします。

STEP 04 花の輪郭線を切る・切り込みを入れる・花芯の丸いパーツを作る

①②の花びらの輪郭線を切る。③の花芯は P.38 POINT A の「切り込みを入れる」を参照。④の花芯は穴あけパンチで丸形に抜く。

STEP 06 立体に成形する

花びらに指先でそっとカーブをつける。アネモネの花びらのカーブは、少しアンバランスな感じでもきれいに仕上がります。

STEP 06 立体に成形する

③の花芯はオーブントースターで焼いて縮んだら丸くなるのでそのままで成形しなくてよい（大きいサイズは、少しだけ指先でカーブをつける）。

STEP 07 各パーツを接着する

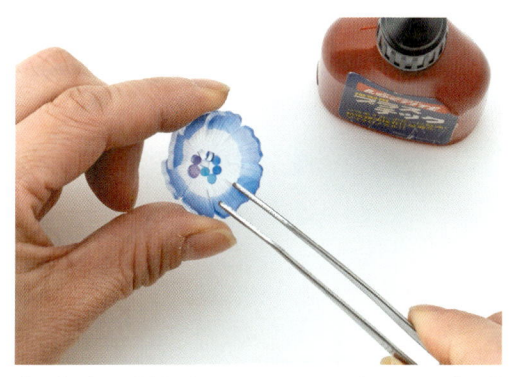

②の花びらの内側に小さな円を2〜3周描くように④の花芯の丸いパーツを1つずつノズルタイプの接着剤で接着し、外側に①の花びらを接着する。

STEP 08 アクセサリーパーツをつける

③の花芯を中央に接着し、さらに上から④の花芯の丸いパーツをピンセットで1個（大きいサイズは5個くらい）接着する。

ブローチピンの台座全体に接着剤を薄くのばし、花を接着する。●台座付きブローチピン

さくら | Button & Pierce

STEP 01	ベースを作る
STEP 02	着色する
STEP 03	模様を描く
STEP 04	花、葉の輪郭線を切る・花芯の丸いパーツを作る・穴をあける
STEP 05	オーブントースターで焼く
STEP 06	立体に成形する
STEP 07	各パーツを接着する ①②③④の順に接着
STEP 08	アクセサリーパーツをつける

P.36～41の基本の作り方を参照

作品 ⇒ P.08　　型紙 ⇒ P.49

STEP 02　着色する

P.49 型紙ページを参照してください。

STEP 04　穴をあける

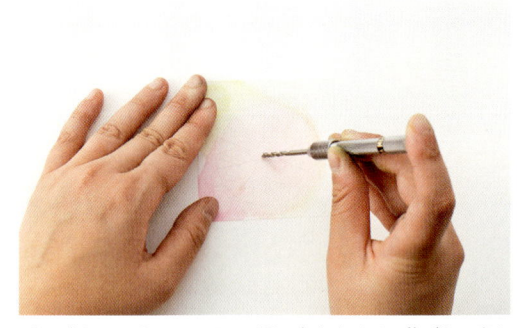

ピンバイスでピアスのパーツ用の穴をすべての花びらの真ん中、葉の先にあける。ドリルは3mmを使用。焼いたあとに1mmのドリルであけてもOK。

STEP 06　立体に成形する

花びらはP.40 STEP 06 Bの方法で成形する。葉はPOINT Eの方法で成形。

STEP 08　アクセサリーパーツをつける

ピアスは接着していない花びらと葉にワイヤーフープを通す。ボタンはボタン足に接着剤を薄くのばして接着。●ピアス：ワイヤーフープ30mm ●ボタン：ボタン足直径9mm

46

パンジー | Pierce & Ring

作品 ⇒ P.08　　型紙 ⇒ P.49

STEP 01	ベースを作る
STEP 02	着色する
STEP 03	模様を描く
STEP 04	花の輪郭線を切る・花芯の丸いパーツを作る・穴をあける
STEP 05	オーブントースターで焼く
STEP 06	立体に成形する
STEP 07	各パーツを接着する　①②③の順に接着
STEP 08	アクセサリーパーツをつける

P.36～41の基本の作り方を参照

STEP 02　着色する

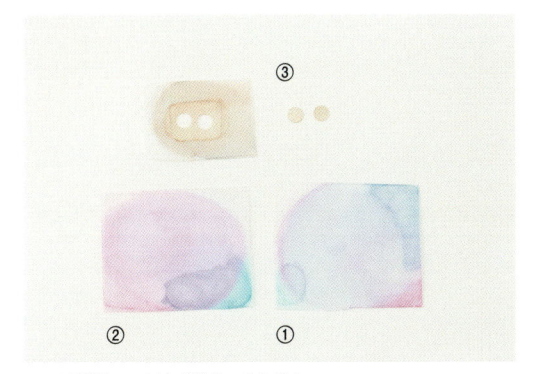

P.49型紙ページを参照してください。

STEP 02　着色する

花びらは着色後、スタンプクリーナーを浸した綿棒で型紙のグレー部分の色をぼかし、ドライヤーで乾かす。乾燥後、目打ちで模様を描く。

STEP 06　立体に成形する

花びらはP.40 STEP 06 Bの方法で成形する。

STEP 08　アクセサリーパーツをつける

ピアスは丸皿に接着剤を薄くのばし、花と接着。リングはSTEP 04であけた穴にCカンを通し、つなげる。●ピアス：丸皿、パールキャッチ付きピアス　●リング：カン付きリング台、Cカン3×4mm 1個

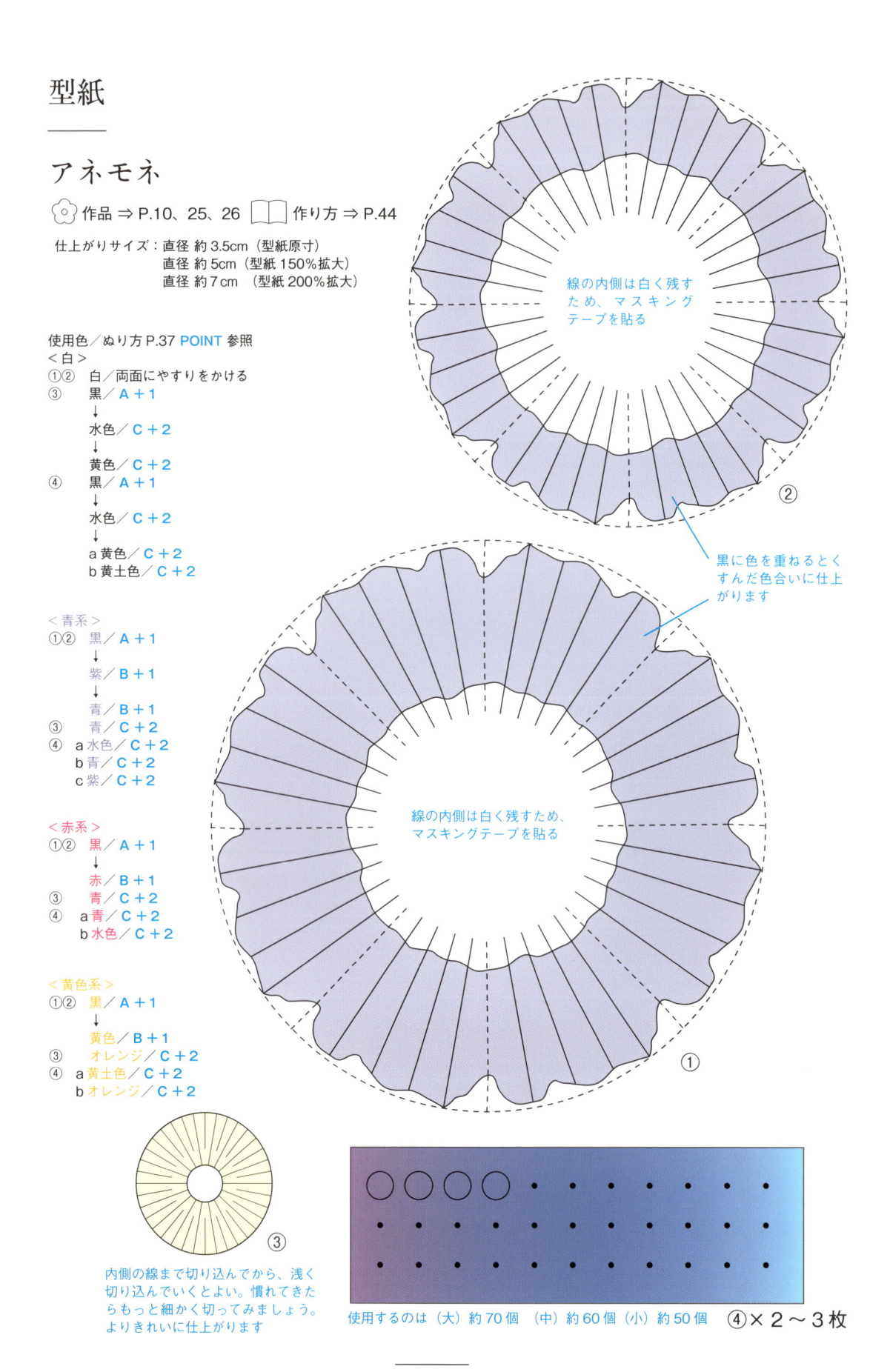

型紙

アネモネ

作品 ⇒ P.10、25、26　　作り方 ⇒ P.44

仕上がりサイズ：直径 約3.5cm（型紙原寸）
　　　　　　　　直径 約5cm　（型紙150％拡大）
　　　　　　　　直径 約7cm　（型紙200％拡大）

使用色／ぬり方 P.37 POINT 参照
<白>
①② 白／両面にやすりをかける
③　 黒／A＋1
　　 ↓
　　 水色／C＋2
　　 ↓
　　 黄色／C＋2
④　 黒／A＋1
　　 ↓
　　 水色／C＋2
　　 ↓
　　 a 黄色／C＋2
　　 b 黄土色／C＋2

<青系>
①② 黒／A＋1
　　 ↓
　　 紫／B＋1
　　 ↓
　　 青／B＋1
③　 青／C＋2
④　 a 水色／C＋2
　　 b 青／C＋2
　　 c 紫／C＋2

<赤系>
①② 黒／A＋1
　　 ↓
　　 赤／B＋1
③　 青／C＋2
④　 a 青／C＋2
　　 b 水色／C＋2

<黄色系>
①② 黒／A＋1
　　 ↓
　　 黄色／B＋1
③　 オレンジ／C＋2
④　 a 黄土色／C＋2
　　 b オレンジ／C＋2

黒に色を重ねるとくすんだ色合いに仕上がります

線の内側は白く残すため、マスキングテープを貼る

線の内側は白く残すため、マスキングテープを貼る

内側の線まで切り込んでから、浅く切り込んでいくとよい。慣れてきたらもっと細かく切ってみましょう。よりきれいに仕上がります。

使用するのは（大）約70個　（中）約60個　（小）約50個　④×2〜3枚

型紙

さくら

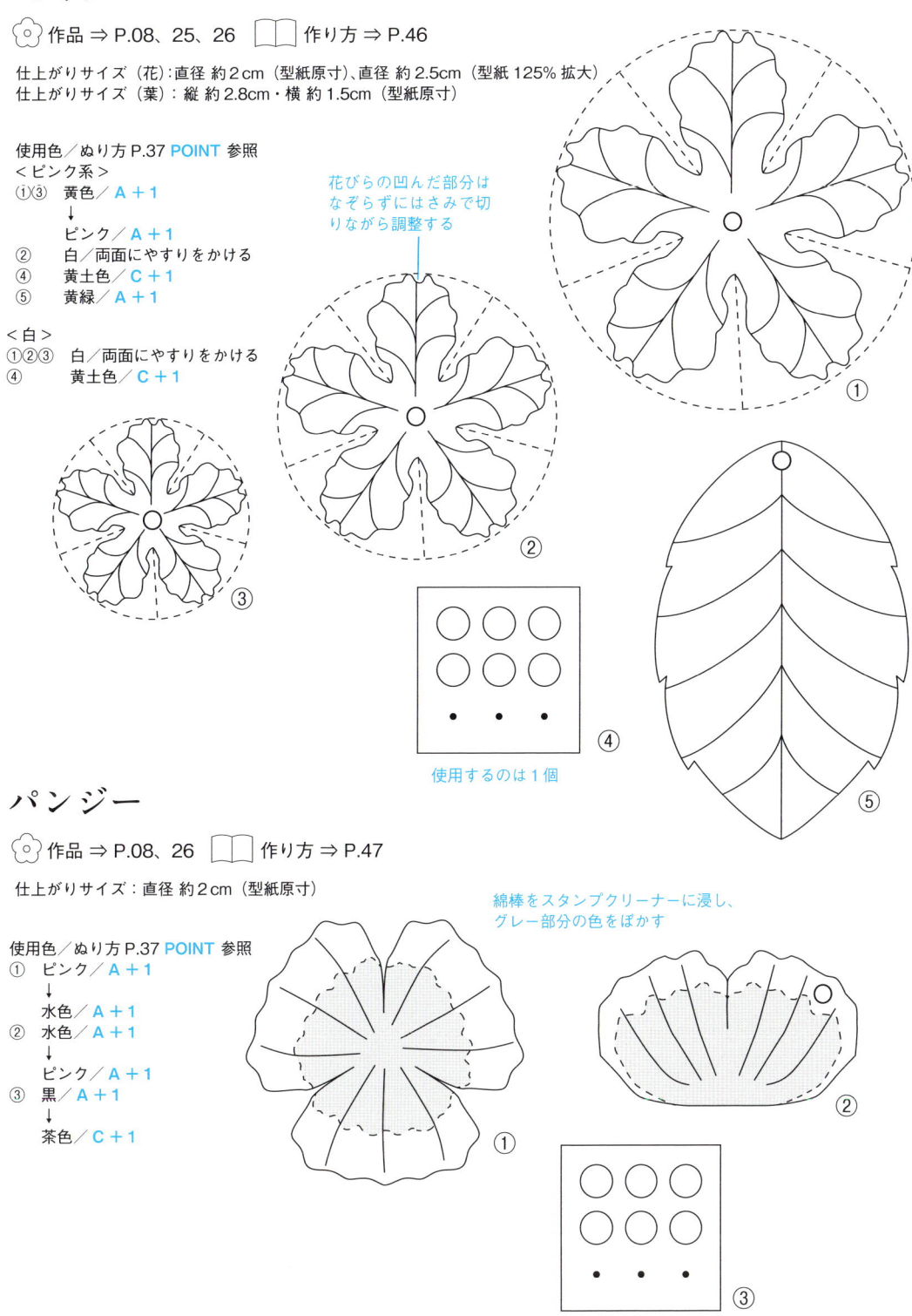

作品 ⇒ P.08、25、26　　作り方 ⇒ P.46

仕上がりサイズ（花）：直径 約2cm（型紙原寸）、直径 約2.5cm（型紙125%拡大）
仕上がりサイズ（葉）：縦 約2.8cm・横 約1.5cm（型紙原寸）

使用色／ぬり方 P.37 POINT 参照
<ピンク系>
①③　黄色／A＋1
　　　↓
　　　ピンク／A＋1
②　　白／両面にやすりをかける
④　　黄土色／C＋1
⑤　　黄緑／A＋1

<白>
①②③　白／両面にやすりをかける
④　　　黄土色／C＋1

花びらの凹んだ部分はなぞらずにはさみで切りながら調整する

使用するのは1個

パンジー

作品 ⇒ P.08、26　　作り方 ⇒ P.47

仕上がりサイズ：直径 約2cm（型紙原寸）

使用色／ぬり方 P.37 POINT 参照
①　ピンク／A＋1
　　↓
　　水色／A＋1
②　水色／A＋1
　　↓
　　ピンク／A＋1
③　黒／A＋1
　　↓
　　茶色／C＋1

綿棒をスタンプクリーナーに浸し、グレー部分の色をぼかす

使用するのは1個

49

たんぽぽ | Ring

STEP 01	ベースを作る
STEP 02	着色する
STEP 03	模様を描く
STEP 04	花、がくの輪郭線を切る・切り込みを入れる
STEP 05	オーブントースターで焼く
STEP 06	立体に成形する
STEP 07	各パーツを接着する ①②③④⑤の順に接着
STEP 08	アクセサリーパーツをつける

P.36～41の基本の作り方を参照

作品 ⇒ P.08　　型紙 ⇒ P.52

STEP 02　着色する

P.52 型紙ページを参照してください。

STEP 04　切り込みを入れる

花びらは切り込み線に従って、はさみで切り込みを入れる。細かく切り刻むほど、きれいに仕上がる。

STEP 06　立体に成形する

⑤のがくは P.40 STEP 06 A の方法で成形。④の花芯は P.40 POINT C の方法で成形。丸めた④を片手に持ち、④を包むように両手で形を整え、③②①の順番に成形する。

STEP 08　アクセサリーパーツをつける

丸皿に接着剤を薄くつけて、花と接着する。●丸皿付きリング台　※イヤリングのパーツは P.51 のすいせんで使用。

すいせん | Ring & Earring

作品 ⇒ P.08　　型紙 ⇒ P.53

STEP 01	ベースを作る
STEP 02	着色する
STEP 03	模様を描く
STEP 04	花の輪郭線を切る・切り込みを入れる
STEP 05	オーブントースターで焼く
STEP 06	立体に成形する
STEP 07	各パーツを接着する
STEP 08	アクセサリーパーツをつける

P.36～41の基本の作り方を参照

STEP 02　着色する

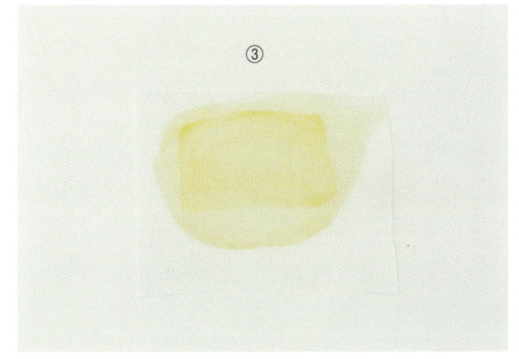

P.53型紙ページを参照してください。

STEP 04　切り込みを入れる

③の花芯は切り込み線に従って、はさみで切り込みを入れる。

STEP 06　立体に成形する

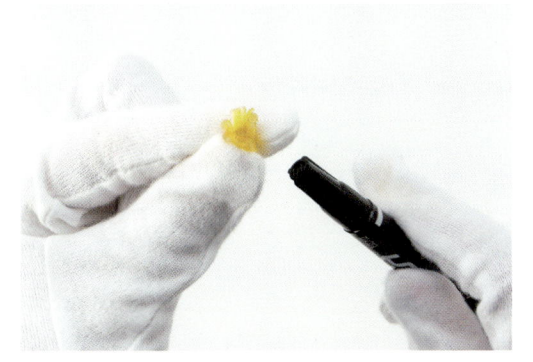

①②の花びらはP.40 STEP 06 A・Bの方法で成形。③の花芯は細いペンに巻きつけて円柱状にする。すぐにペンからはずして、指先で形を整える。

STEP 07　各パーツを接着する

①②③の順番に少量の接着剤で接着する。アクセサリーパーツのつけ方はP.50のSTEP 08を参照。　●リング：丸皿付きリング台　●イヤリング：丸皿付きねじ式イヤリング

型紙

たんぽぽ

作品 ⇒ P.08、25、26　　作り方 ⇒ P.50

仕上がりサイズ：直径 約2.5cm（型紙原寸）

使用色／ぬり方 P.37 POINT 参照
<黄色系>
① 黄色／A+1
② オレンジ／A+1
　↓
　黄色／A+1
③ オレンジ／A+1
④ 赤／A+1
　↓
　黄色／A+1
⑤ 黄緑／A+1

<白>
①〜③　白／両面にやすりをかける
④　黄土色／A+1
⑤　黄緑／A+1

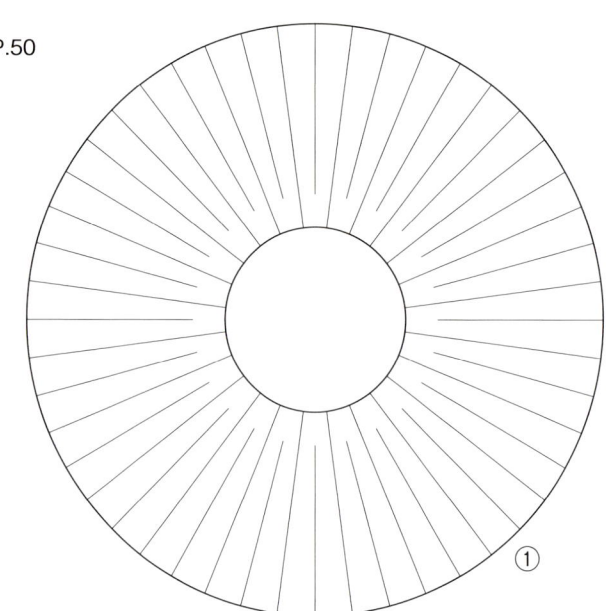

内側の線まで切り込んでから、浅く切り込んでいくとよい。慣れてきたらもっと細かく切ってみましょう。よりきれいに仕上がります

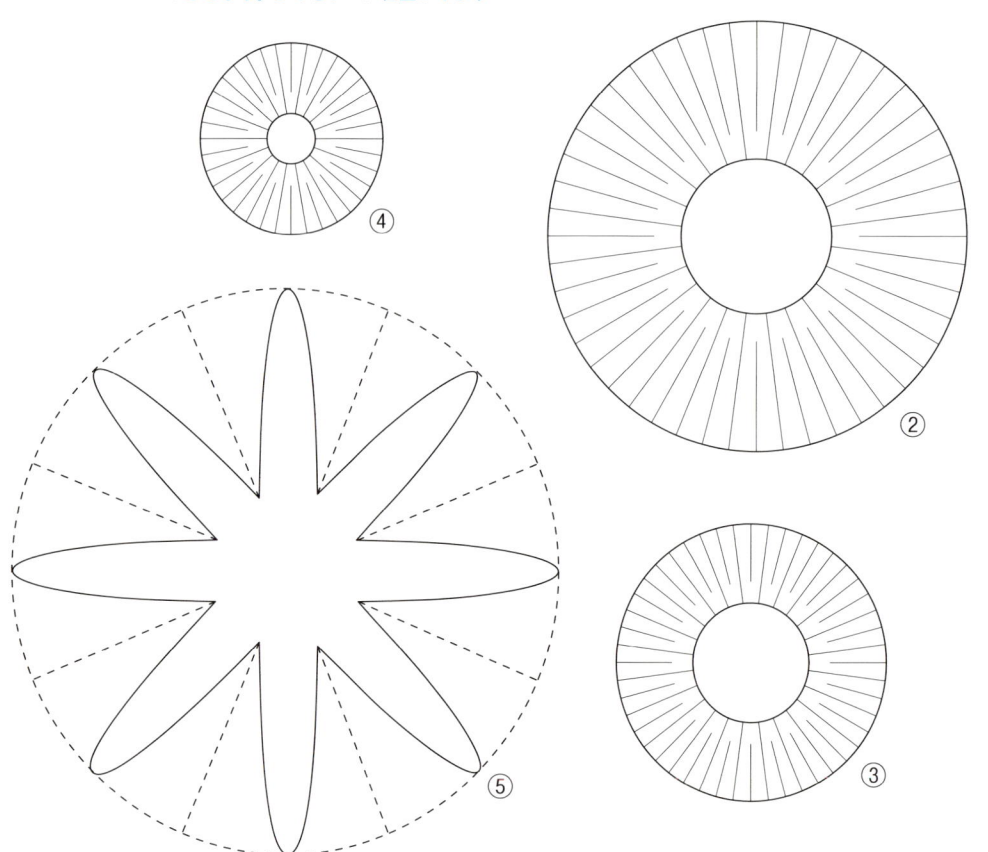

P.25のヘッドドレスには、がくは使っていません

型紙

すいせん

作品 ⇒ P.08　　作り方 ⇒ P.51

仕上がりサイズ：直径 約3cm（型紙原寸）

使用色／ぬり方 P.37 POINT 参照
①②　白／両面にやすりをかける
③　　黄色／C+1

花びらの凹んだ部分は
STEP 03 でなぞる

①

②

③

慣れてきたらもっと細かく切ってみましょう。よりきれいに仕上がります

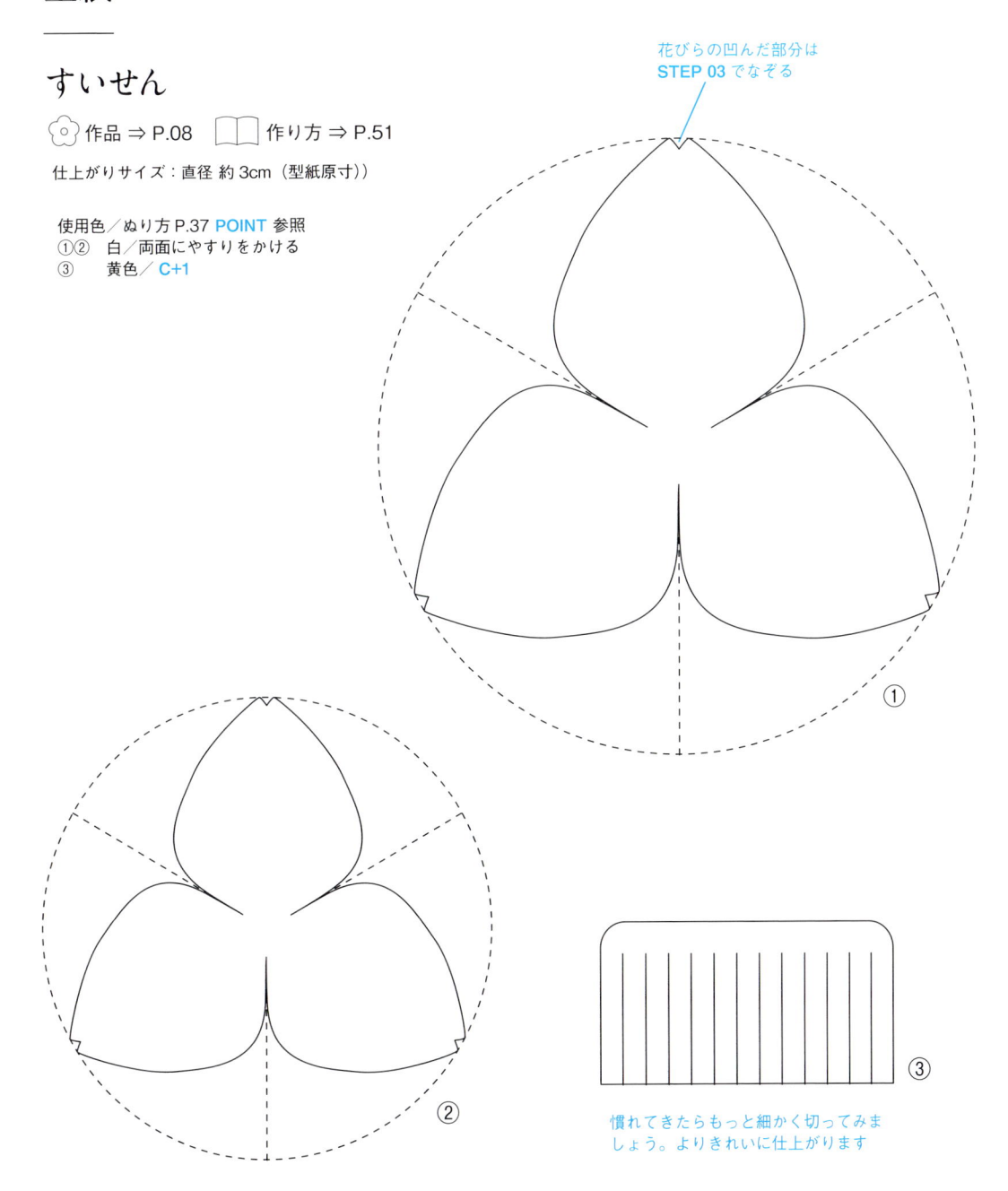

ラナンキュラス | Ribbon Necklace

STEP 01	ベースを作る
STEP 02	着色する
STEP 04	花の輪郭線を切る・穴をあける
STEP 05	オーブントースターで焼く
STEP 06	立体に成形する (P.40 STEP 06 A・B 参照)
STEP 07	各パーツを接着する ①から⑦の順に接着する
STEP 08	アクセサリーパーツをつける

P.36～41の基本の作り方を参照

作品 ⇒ P.12　　型紙 ⇒ P.56

STEP 02　着色する

① ② ③ ④ ⑤ ⑥ ⑦

P.56型紙ページを参照してください。

STEP 08　アクセサリーパーツをつける

花5個をCカンでつなげる。リボンの太さに合ったカシメ（ひも留め金具）を取りつけ、Cカンで花とつなげる。●リボン（作品は長さ30cm×2本）、Cカン3.5×4.5mm 14個、カシメ2個

ゆり | Hat pin

作品 ⇒ P.11　　型紙 ⇒ P.57

STEP 01	ベースを作る
STEP 02	着色する
STEP 04	花の輪郭線を切る・切り込みを入れる
STEP 05	オーブントースターで焼く
STEP 06	立体に成形する
STEP 07	各パーツを接着する
STEP 08	アクセサリーパーツをつける

P.36～41の基本の作り方を参照

STEP 02　着色する

P.57型紙ページを参照してください。

STEP 06　立体に成形する

②の花芯茎は縦長の状態で茎の部分を半分に指で折り曲げて成形。細長くなった花芯茎に①の花びらをぐるっと巻きつける。花びらを1枚ずつ外向きに曲げる。

STEP 07　各パーツを接着する

細いノズル口を花びらと花芯茎の間にさし入れ、接着剤を注入するようにして接着する。

STEP 08　アクセサリーパーツをつける

ハットピンの丸皿全体に接着剤を薄くのばして、花を接着する。●丸皿付きハットピン

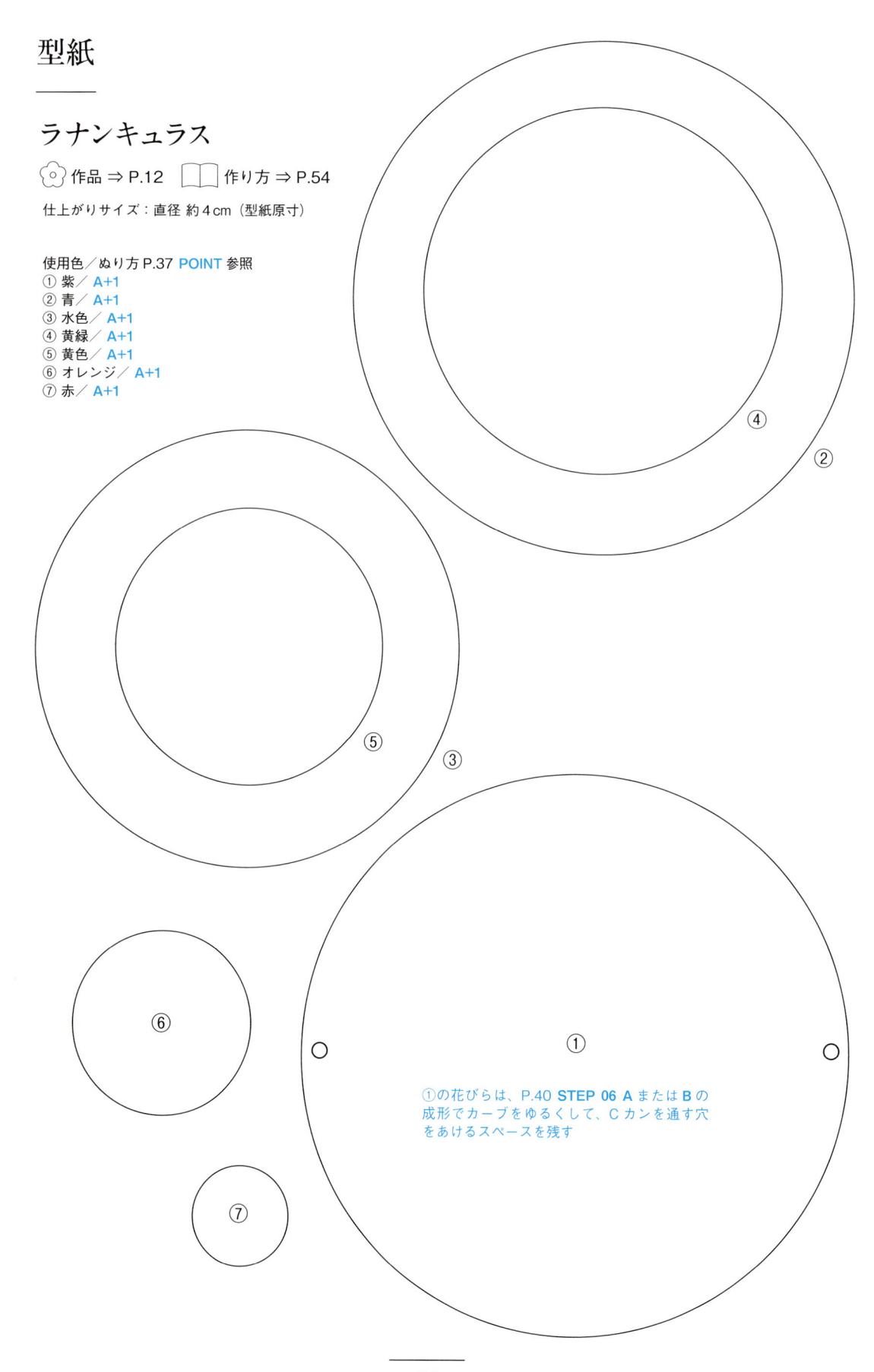

型紙

ラナンキュラス

作品 ⇒ P.12　　作り方 ⇒ P.54

仕上がりサイズ：直径 約4cm（型紙原寸）

使用色／ぬり方 P.37 POINT 参照
① 紫／ A+1
② 青／ A+1
③ 水色／ A+1
④ 黄緑／ A+1
⑤ 黄色／ A+1
⑥ オレンジ／ A+1
⑦ 赤／ A+1

④
②
⑤
③
⑥
①
①の花びらは、P.40 STEP 06 A または B の成形でカーブをゆるくして、Cカンを通す穴をあけるスペースを残す
⑦

56

型紙

ゆり

作品 ⇒ P.11、24　　作り方 ⇒ P.55

仕上がりサイズ：縦 約8cm・横 約3cm（型紙原寸）
　　　　　　　　縦 約9cm・横 約4cm（型紙120％拡大）
※ P.24 ブートニアで1輪大きいサイズを使用

使用色／ぬり方 P.37 POINT 参照
①③　白／両面にやすりをかける
②　a 黄色／**A+1**
　　b 黄緑／**A+1**

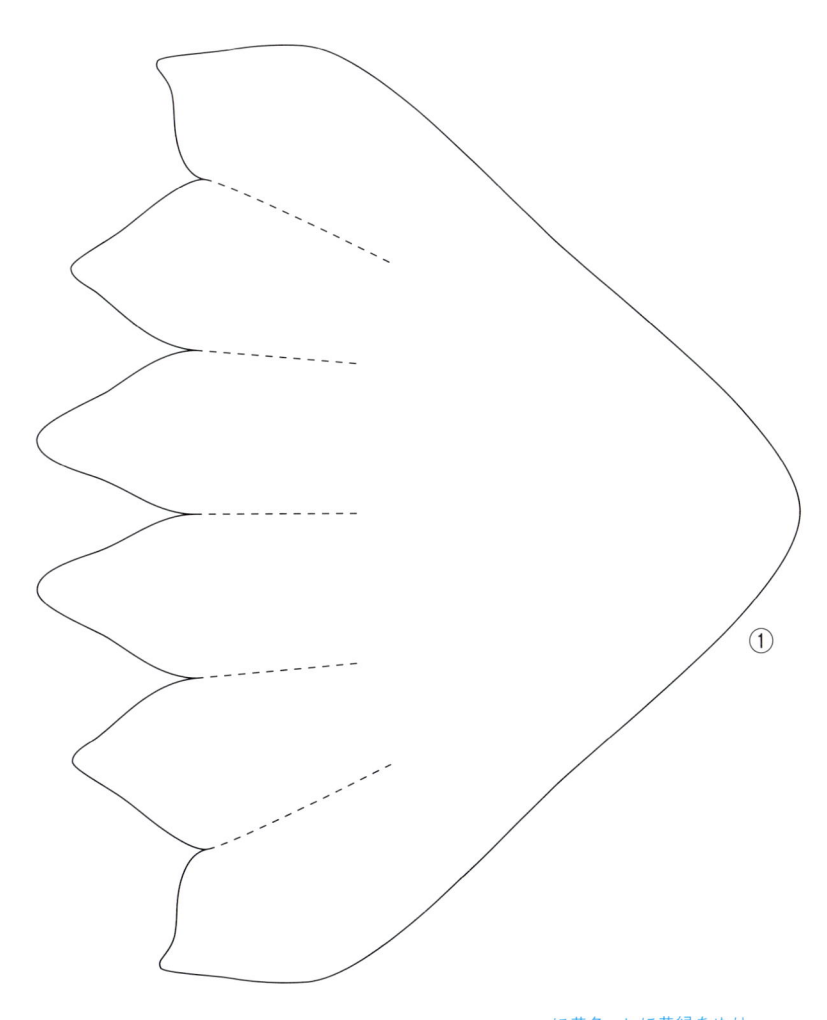

P.24 ブートニアで使用 ③

② b

茎

①

花芯

a に黄色、b に黄緑をぬり、
内側に向かって、アルコールでぼかす

a

アイビー | Brooch

作品 ⇒ P.11　　型紙 ⇒ P.60

STEP 01　ベースを作る
STEP 02　着色する
STEP 03　模様を描く
STEP 04　葉の輪郭線を切る・穴をあける
STEP 05　オーブントースターで焼く
STEP 06　立体に成形する
STEP 08　アクセサリーパーツをつける
P.36 〜 41 の基本の作り方を参照

STEP 02　着色する

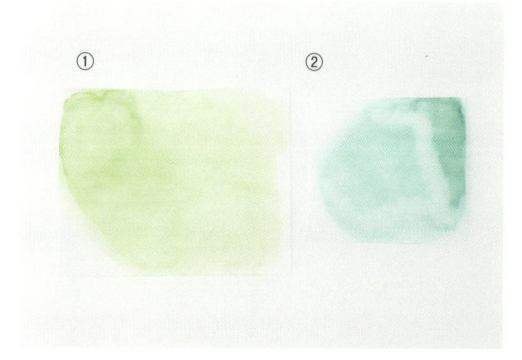

P.60 型紙ページを参照してください。※写真②は、スタンプクリーナーでぼかしたプラバン。

STEP 04　穴をあける

ピンバイスでアクセサリーパーツ用の穴をあける。ドリルは 3mm 使用。焼いたあとに 1mm のドリルであけても OK。

STEP 06　立体に成形する

全体のバランスを見ながら、指先を使って曲げる。

STEP 08　アクセサリーパーツをつける

STEP 04 であけた穴に丸カンを通し、カブトピンとつなげる。　●カン付きカブトピン、丸カン 7.5mm 3 個

すいれん | Necklace

STEP 01	ベースを作る
STEP 02	着色する
STEP 03	模様を描く
STEP 04	花、葉の輪郭線を切る・穴をあける・切り込みを入れる(⑤の花芯はP.38 POINT Aを参照)
STEP 05	オーブントースターで焼く
STEP 06	立体に成形する
STEP 07	各パーツを接着する
STEP 08	アクセサリーパーツをつける

P.36〜41の基本の作り方を参照

作品 ⇒ P.14　　型紙 ⇒ P.60、61

STEP 02　着色する

P.60、61 型紙ページを参照してください。

STEP 06　立体に成形する

①〜④の花びらはP.40 STEP 06 A・B、⑤の花芯はPOINT Cの方法で成形を。⑥の葉は指を使い、少し反らせる。

STEP 07　各パーツを接着する

①から④の順に花びらを少量の接着剤で接着し、⑤の花芯はピンセットで接着。少量の接着剤で、⑥の葉を接着する。

STEP 08　アクセサリーパーツをつける

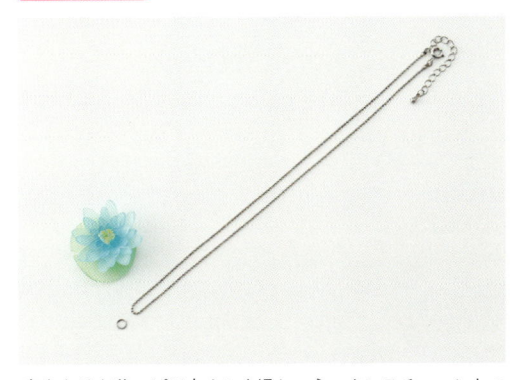

穴をあけた葉っぱに丸カンを通し、ネックレスチェーンとつなぐ。●引き輪アジャスター付きネックレスチェーン(作品は40cm)、丸カン7.5mm 1個

型紙

アイビー

作品 ⇒ P.11、26　　作り方 ⇒ P.58

仕上がりサイズ①：縦・横 約4cm（型紙原寸）
　　　　　　　　　縦・横 約3cm（型紙75％縮小）
仕上がりサイズ②：縦・横 約2.5cm（型紙原寸）
　　　　　　　　　縦・横 約2cm（型紙75％縮小）

使用色／ぬり方 P.37 POINT 参照
① 黄緑／B+1
② 緑／B+1

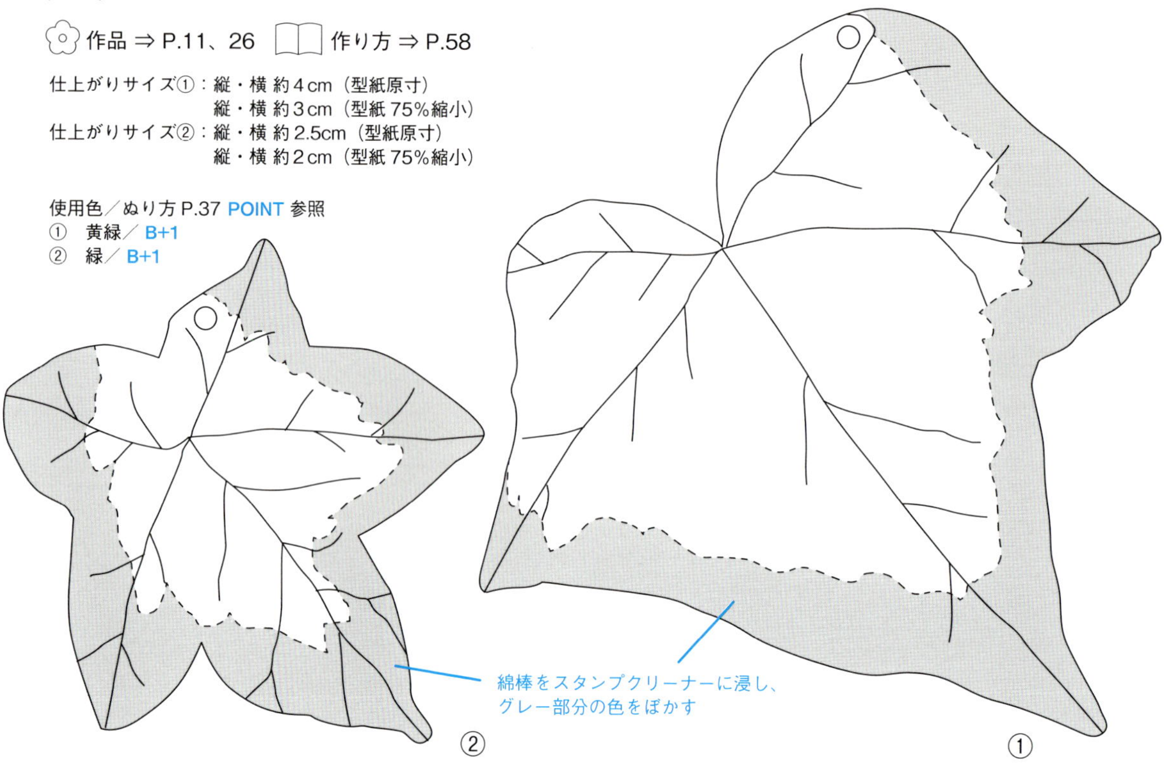

綿棒をスタンプクリーナーに浸し、グレー部分の色をぼかす

②　①

すいれん

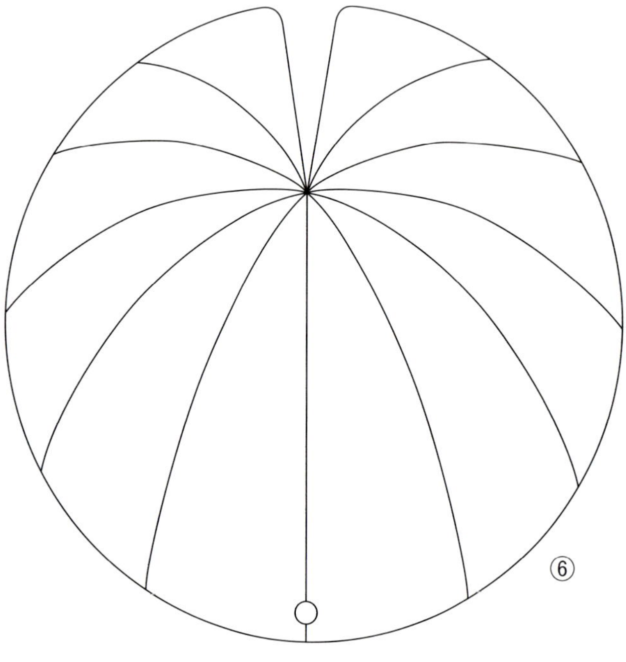

③　⑥

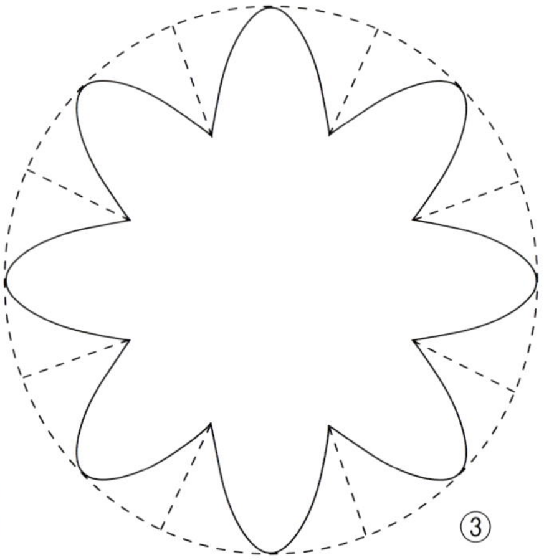

型紙

すいれん

作品 ⇒ P.14　　作り方 ⇒ P.59

仕上がりサイズ（花）：直径 約3.5cm（型紙原寸）
仕上がりサイズ（葉）：直径 約3.5cm（型紙原寸）

使用色／ぬり方 P.37 POINT 参照
<青系>
① 水色／A+1
② 水色／B+1
③ 青／B+1
　↓
　水色／B+1
④ 水色／B+1
　↓
　青／B+1
⑤ 黄色／C+1
⑥ 水色／A+1
　↓
　黄色／A+1

<ピンク系>
① 黄色／A+1
　↓
　ピンク／A+1
② 黄色／B+1
　↓
　ピンク／B+1
③ 赤／B+1
　↓
　黄色／B+1
④ 赤／B+1
⑤ 黄色／C+1
⑥ 水色／A+1
　↓
　黄色／A+1

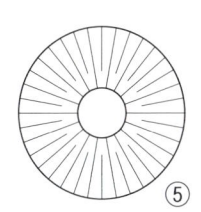

慣れてきたらもっと細かく切ってみましょう。よりきれいに仕上がります

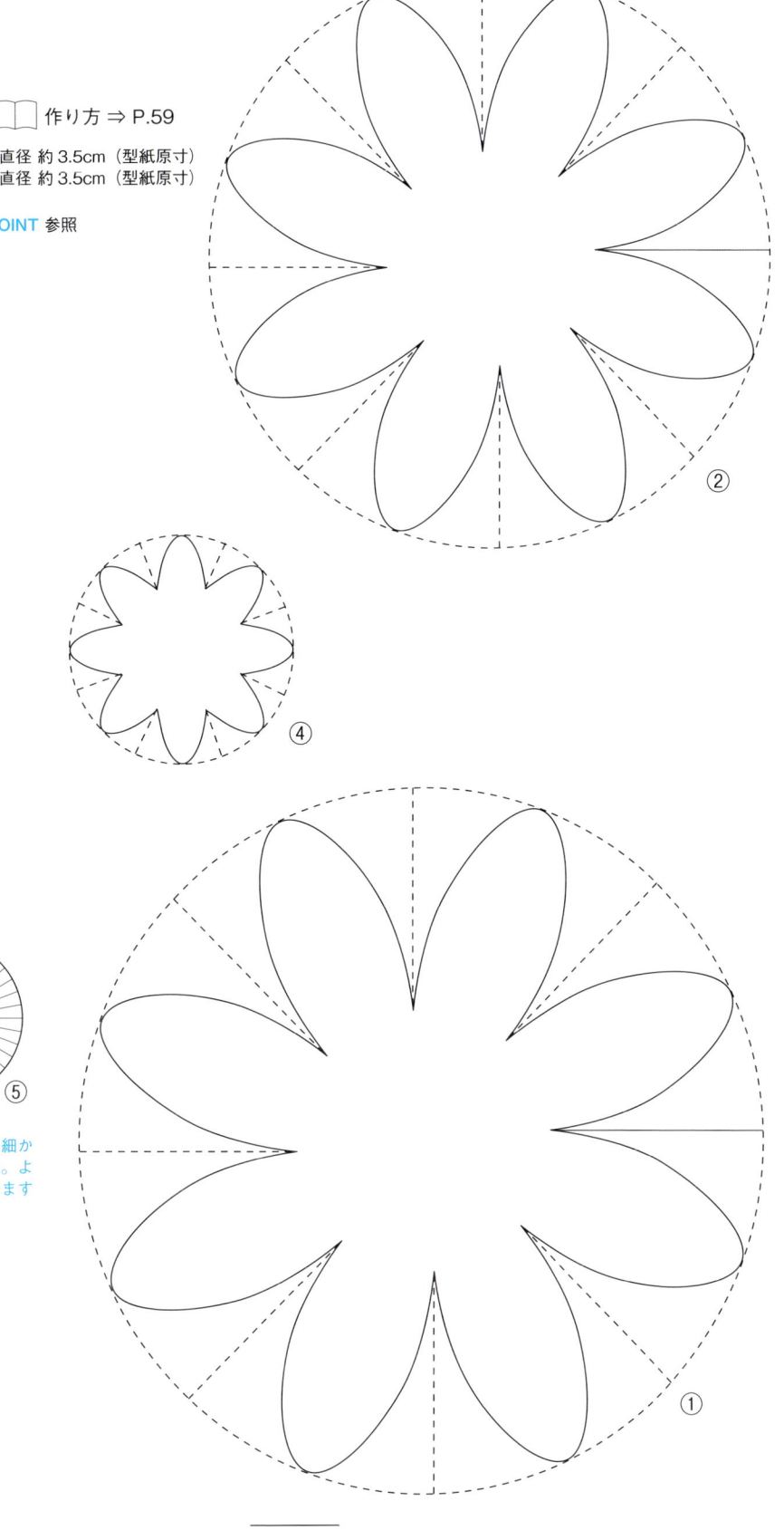

あじさい | Brooch & Ear cuff

STEP 01	ベースを作る
STEP 02	着色する
STEP 03	模様を描く
STEP 04	花、葉の輪郭線を切る・花芯の丸いパーツを作る・穴をあける
STEP 05	オーブントースターで焼く
STEP 06	立体に成形する
STEP 07	各パーツを接着する
STEP 08	アクセサリーパーツをつける

P.36〜41 の基本の作り方を参照

作品 ⇒ P.15　　型紙 ⇒ P.64

STEP 02　着色する

P.64 型紙ページを参照してください。

STEP 06　立体に成形する

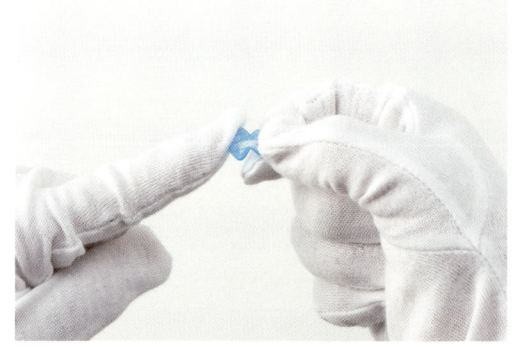

②③の花びらは人差し指の指先を使い、少し曲げる。重ねたとき下になる花びらは平らなまま。①の葉は花をのせる部分のみ P.40 **STEP 06 A・B** の方法で成形し、葉の先は指先で少し曲げる。

STEP 07　各パーツを接着する

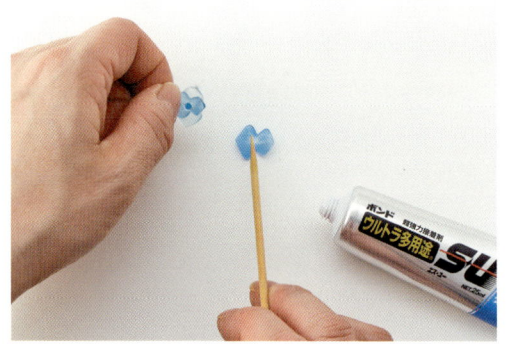

②③の花びらは、平らな方を下にして接着剤をつけた竹串で2枚ずつ重ねて接着する。次に①の葉に花を接着する。最後にピンセットで花びらの中心に④の花芯の丸いパーツを接着する。

STEP 08　アクセサリーパーツをつける

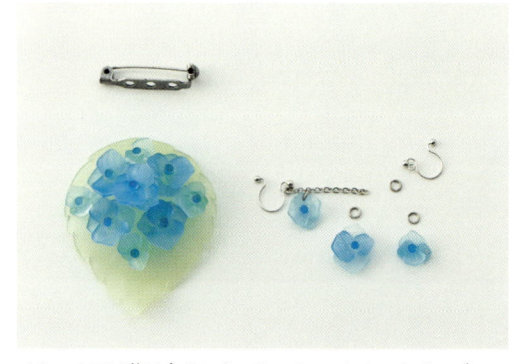

イヤーカフは花に丸カンをつけ、チェーンとつなぐ。ブローチは P.45 **STEP 08** を参照。●イヤーカフ：カン付きイヤーカフ金具2個、丸カン3.5mm 5個、チェーン2cm　●ブローチ：ブローチピン

62

ひまわり | Hair elastic

STEP 01	ベースを作る
STEP 02	着色する
STEP 03	模様を描く
STEP 04	花の輪郭線を切る・切り込みを入れる・花芯の丸いパーツを作る（③の花芯はP.38 POINT Aを参照）
STEP 05	オーブントースターで焼く
STEP 06	立体に成形する
STEP 07	各パーツを接着する
STEP 08	アクセサリーパーツをつける
	P.36～41の基本の作り方を参照

作品 ⇒ P.16　型紙 ⇒ P.64、65

STEP 02　着色する

P.64、65型紙ページを参照してください。

STEP 06　立体に成形する

①②の花びらはP.40 STEP 06 A・Bの方法で少し曲げる。
③の花芯は②の花びらの内側にそわせて丸みをつける。

STEP 07　各パーツを接着する

①②③の順番に接着。④の花芯の丸いパーツは花芯の中心の内側全体にピンセットで接着する。

STEP 08　アクセサリーパーツをつける

台座に接着剤を薄くのばし、花を接着する。●ヘアゴム、台座金具

型紙

あじさい

作品 ⇒ P.15　作り方 ⇒ P.62

仕上がりサイズ（花）：②直径 約1.5cm（型紙原寸）
　　　　　　　　　　③直径 約1.2cm（型紙原寸）
仕上がりサイズ（葉）：縦 約5cm・横 約4cm（型紙原寸）

使用色／ぬり方 P.37 POINT 参照
① 黄緑／B+1
② 青／B+1
③ 水色／B+1
④ 青／C+2

小さい花びらはプラバンに並べてなぞって、まとめて着色すると作業時間の短縮にもなり、色も均等にきれいに仕上がる

花びら②③はそれぞれの花びらを縦と横に向きをずらして重ねて接着する。ブローチは②を重ねた大きな花と③を重ねた小さな花をそれぞれ5個ずつ作る。イヤーカフは②を重ねた大きな花を1個と③を重ねた小さな花を2個作る

使用するのはブローチ ④
10個
イヤーカフ3個×2

ひまわり

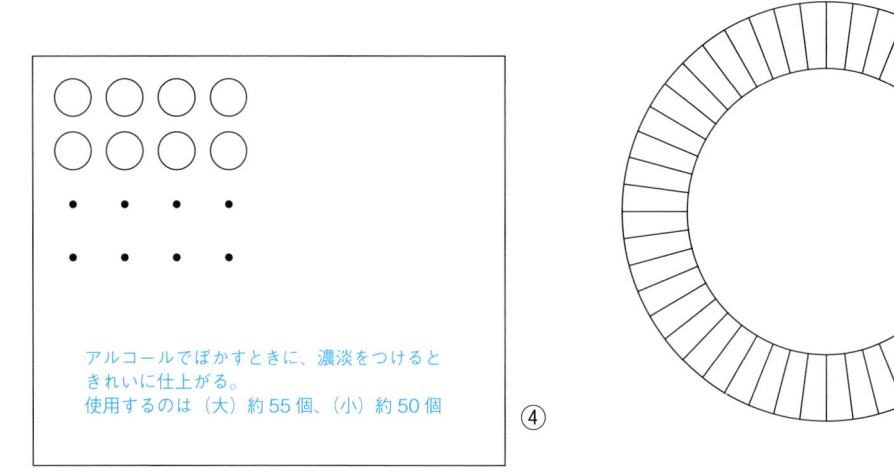

アルコールでぼかすときに、濃淡をつけるときれいに仕上がる。
使用するのは（大）約55個、（小）約50個

64

型紙

ひまわり

作品 ⇒ P.16

作り方 ⇒ P.63

仕上がりサイズ：
直径 約4cm（型紙原寸）
直径 約5cm（型紙125% 拡大）

使用色／ぬり方 P.37 POINT 参照
① 黄色／A+1
② 黄土色／A+1
③ オレンジ／A+1
④ 黒／C+1
　↓
　茶色／C+1

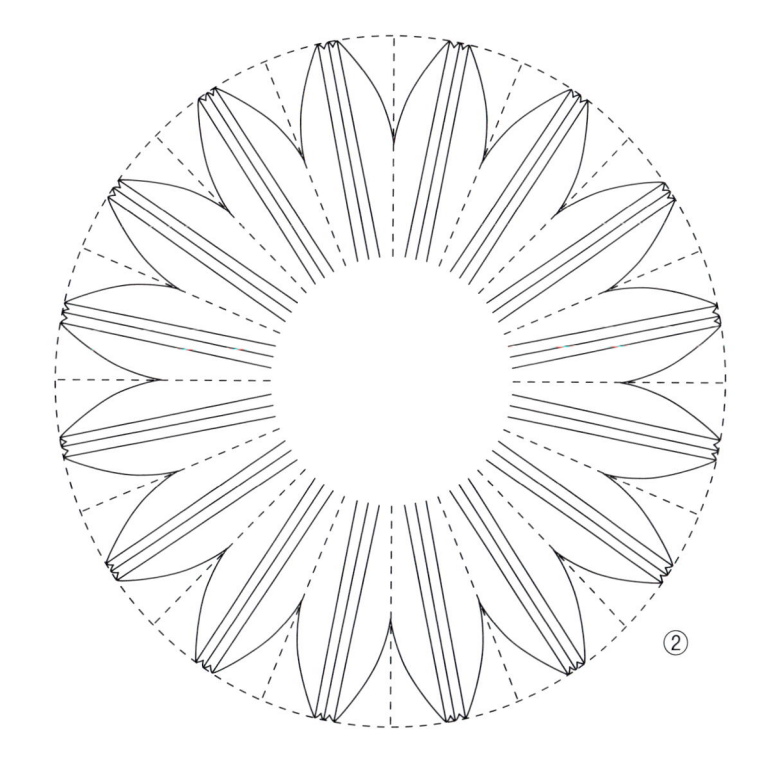

②

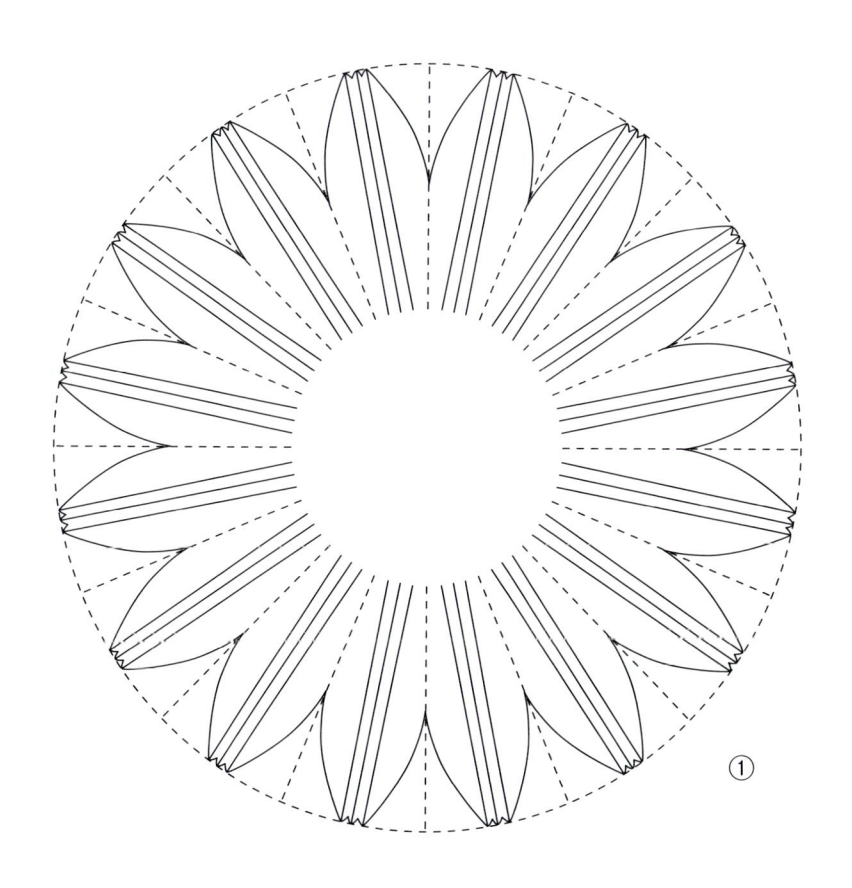

①

きんもくせい | Pierce & Ring

作品 ⇒ P19　　型紙 ⇒ P.68

STEP 01	ベースを作る
STEP 02	着色する
STEP 03	模様を描く
STEP 04	花、葉の輪郭線を切る・花芯の丸いパーツを作る・穴をあける
STEP 05	オーブントースターで焼く
STEP 06	立体に成形する
STEP 07	各パーツを接着する（接着の仕方は型紙参照）
STEP 08	アクセサリーパーツをつける

P.36～41の基本の作り方を参照

STEP 02　着色する

P.68型紙ページを参照してください。

STEP 06　立体に成形する

②のピアス用の葉は指先を使い、少しねじる。③④の花びらはP.40 POINT Dの方法で少し曲げる。

STEP 06　立体に成形する

リングを作る際は、①のリング用の葉をP.40 POINT Fの方法で成形する。

STEP 08　アクセサリーパーツをつける

ピアス金具のカンにチェーン2本と花1個を丸カンでつなげる。4cmのチェーンに花を均等に、3cmのチェーンの先に葉を、丸カンでつなげる。　●キャッチ付きピアス金具、チェーン（作品は4cm、3cm）、丸カン3.5mm 5個

コスモス | Brooch

STEP 01	ベースを作る
STEP 02	着色する
STEP 03	模様を描く
STEP 04	花、がくの輪郭線を切る・切り込みを入れる・花芯の丸いパーツを作る（②の花芯はP.38 POINT A参照）
STEP 05	オーブントースターで焼く
STEP 06	立体に成形する（①の花びら、③のがくはP.40 STEP06 A・B、②の花芯は POINT C 参照）
STEP 07	各パーツを接着する
STEP 08	アクセサリーパーツをつける

P.36～41の基本の作り方を参照

作品 ⇒ P.20　　型紙 ⇒ P.69

STEP 02　着色する

P.69 型紙ページを参照してください。

STEP 04　花、がくの輪郭線を切る

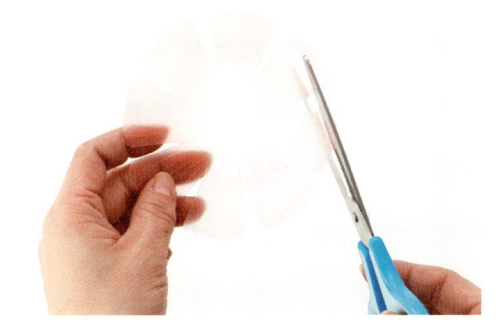

①の花びらは輪郭線をはさみで切る。次に角のとがっている部分を切り落とす。

STEP 07　各パーツを接着する

①②③の順に接着。④の丸いパーツは②の花芯のまわりにピンセットで接着。細いノズルタイプの接着剤を使うときれいに仕上がる。

STEP 08　アクセサリーパーツをつける

ピンバッジの丸皿に接着剤を薄くのばし、花を接着する。
●丸皿付きピンバッジ

型紙

きんもくせい

作品 ⇒ P.19　　作り方 ⇒ P.66

仕上がりサイズ（花）：③直径 約1cm（型紙原寸）、④直径 約0.8cm（型紙原寸）
仕上がりサイズ（葉）：縦 約3.5cm・横 約2cm（型紙原寸）
仕上がりサイズ（リング）：幅 約1.5cm・直径 約2cm（型紙原寸）

使用色／ぬり方 P.37 POINT 参照
①② 　緑／B+1
③④ 　赤／B+1
　↓
　　　黄色／B+1
⑤ オレンジ／C+2

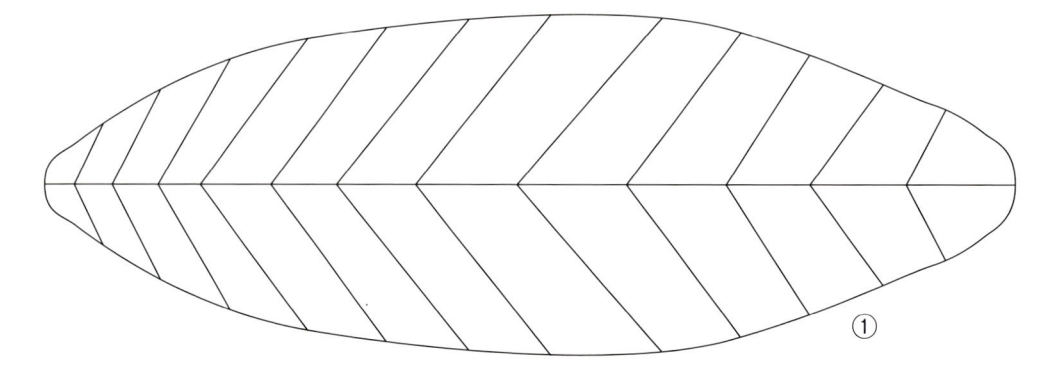

①

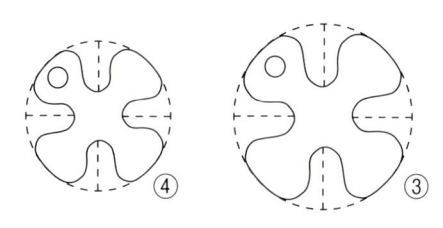

④　③

小さい花びらはプラバンに並べてなぞって、まとめて着色すると作業時間の短縮にもなり、色も均等にきれいに仕上がります

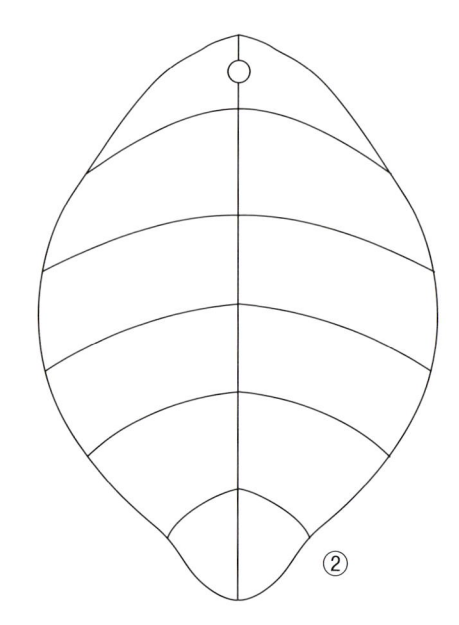

②

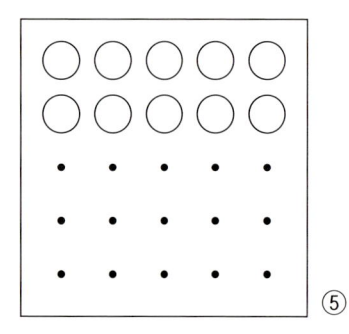

リングは①の葉に③を1個、④を2個接着する
ピアスは②の葉1個につき、③を2個、④を5個ずつ表裏に接着し、チェーン1本に③④を2個ずつ使用する

⑤

使用するのはリング3個、
ピアス11個×2

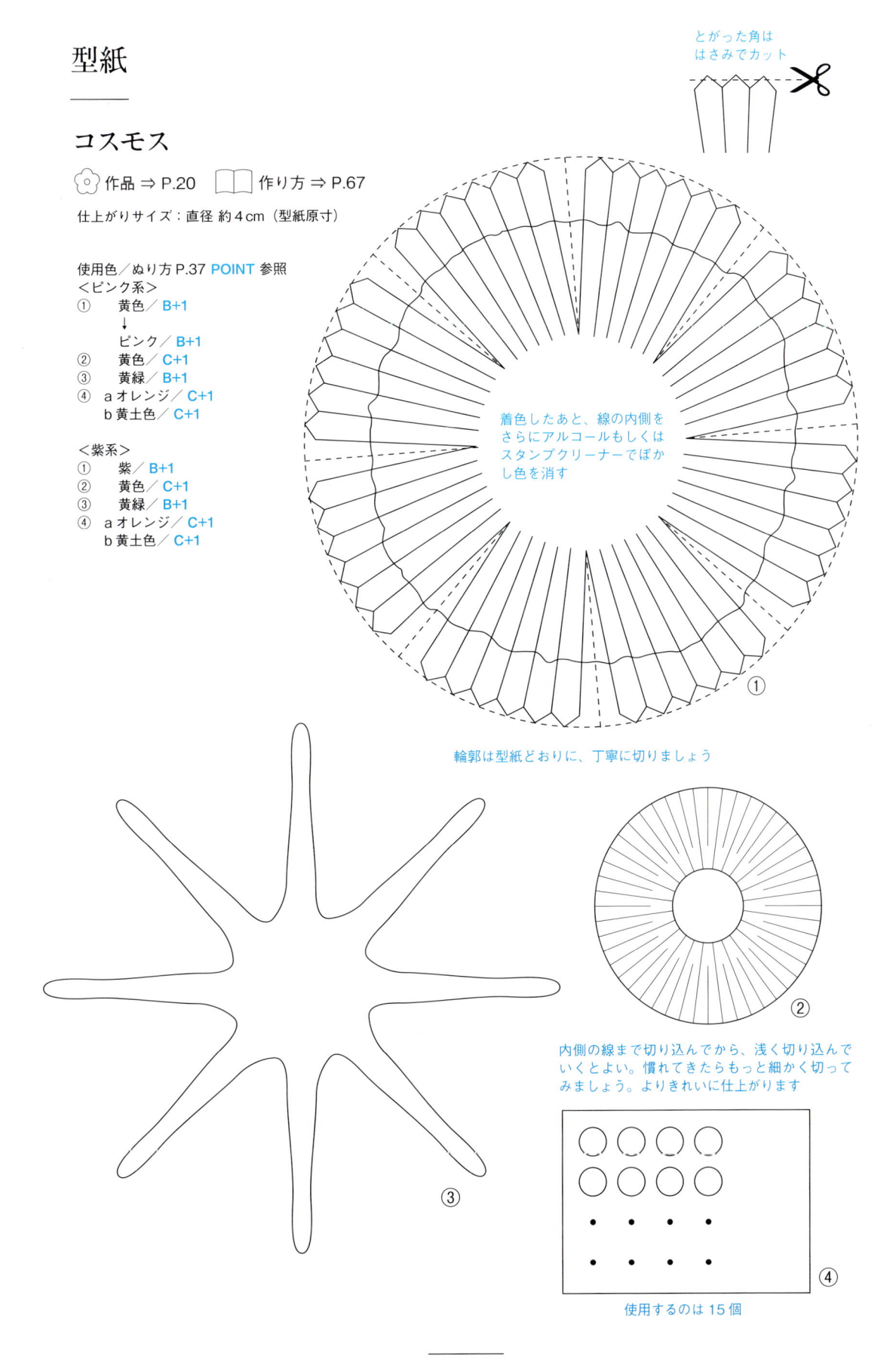

型紙

コスモス

作品 ⇒ P.20　　作り方 ⇒ P.67

仕上がりサイズ：直径 約4cm（型紙原寸）

使用色／ぬり方 P.37 POINT 参照
<ピンク系>
① 黄色／B+1
　↓
　ピンク／B+1
② 黄色／C+1
③ 黄緑／B+1
④ a オレンジ／C+1
　 b 黄土色／C+1

<紫系>
① 紫／B+1
② 黄色／C+1
③ 黄緑／B+1
④ a オレンジ／C+1
　 b 黄土色／C+1

とがった角は
はさみでカット

着色したあと、線の内側を
さらにアルコールもしくは
スタンプクリーナーでぼか
し色を消す

①

輪郭は型紙どおりに、丁寧に切りましょう

②

内側の線まで切り込んでから、浅く切り込んで
いくとよい。慣れてきたらもっと細かく切って
みましょう。よりきれいに仕上がります

③

④

使用するのは15個

いちょう | Bracelet

作品 ⇒ P.18　　型紙 ⇒ P.72

STEP 01	ベースを作る
STEP 02	着色する
STEP 03	模様を描く
STEP 04	葉の輪郭線を切る・穴をあける
STEP 05	オーブントースターで焼く
STEP 06	立体に成形する
STEP 08	アクセサリーパーツをつける

P.36 ～ 41 の基本の作り方を参照

STEP 02　着色する

① ②

P.72 型紙ページを参照してください。

STEP 02　着色する

油性ペンを 2 色使って着色する場合は、最初に 1 色めを全面に着色してアルコールでぼかす。次に 2 色めを色をつけたい部分のみに着色してアルコールでぼかす。

STEP 06　立体に成形する

全体のバランスを見ながら、指先を使って曲げる。

STEP 08　アクセサリーパーツをつける

革ひもに葉を丸カンでつなぐ。　●革ひも（作品は幅 4mm・長さ 75cm）、丸カン 5mm 3 個

70

ポインセチア | Necklace

STEP 01	ベースを作る
STEP 02	着色する
STEP 03	模様を描く
STEP 04	葉の輪郭線を切る・花芯の丸いパーツを作る
STEP 05	オーブントースターで焼く
STEP 06	立体に成形する（P.40 **STEP 06 B** を参照）
STEP 07	各パーツを接着する
STEP 08	アクセサリーパーツをつける
	P.36～41 の基本の作り方を参照

作品 ⇒ P.22　　型紙 ⇒ P.72、73

STEP 02　着色する

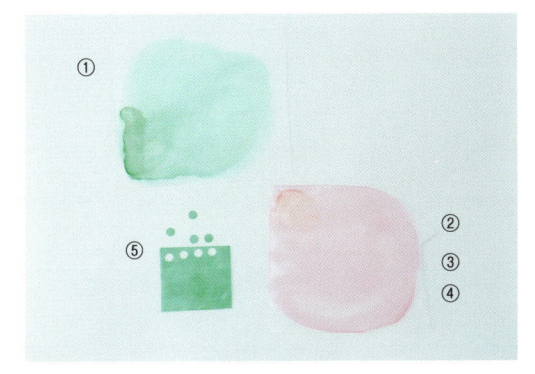

P.72、73 型紙ページを参照してください。

STEP 02　着色する

赤で着色した葉はスタンプクリーナーを浸した綿棒で型紙のグレー部分の色を薄め、ドライヤーで乾かす。乾燥後、目打ちで模様を描く。

STEP 07　各パーツを接着する

①から⑤の順番に接着剤で接着する。

STEP 08　アクセサリーパーツをつける

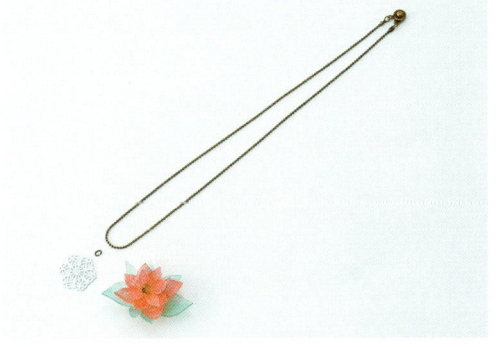

スカシパーツに接着剤を薄くのばし、葉を接着する。スカシパーツとネックレスチェーンを丸カンでつなぐ。●留め金具付きボールチェーンネックレス（作品は 40cm）、スカシパーツ 1 個、丸カン 3.5mm 1 個

型紙

いちょう

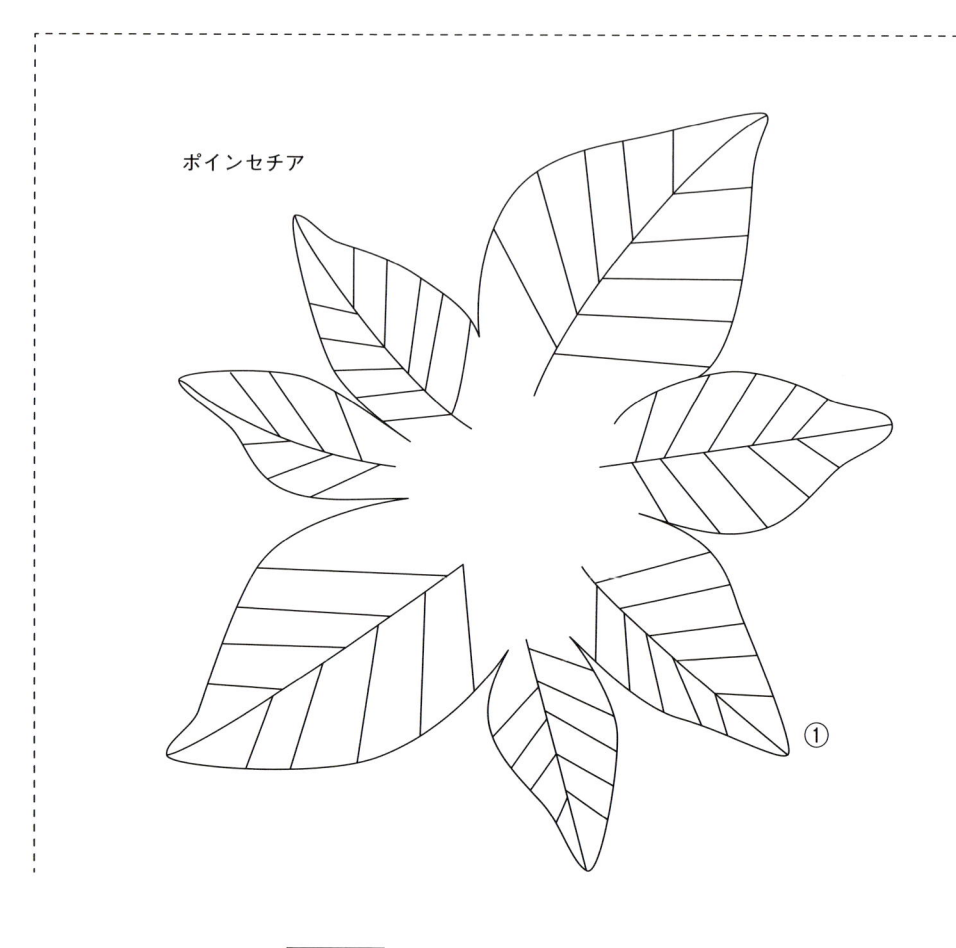

作品 ⇒ P.18　作り方 ⇒ P.70

仕上がりサイズ①：縦・横 約 2.5cm（型紙原寸）
仕上がりサイズ②：縦・横 約 1.5cm（型紙原寸）

使用色／ぬり方 P.37 POINT 参照
＜単色＞
黄色／ B+1

＜グラデーション＞
ベースは黄色／ B+1
↓
部分的に好きな色を着色する
a オレンジ／ B+1
b 黄緑／ B+1
c オレンジ＋黄緑／ B+1

葉脈の模様は型紙を参考に、
自由に描いてもよい

①

②

ポインセチア

①

型紙

ポインセチア

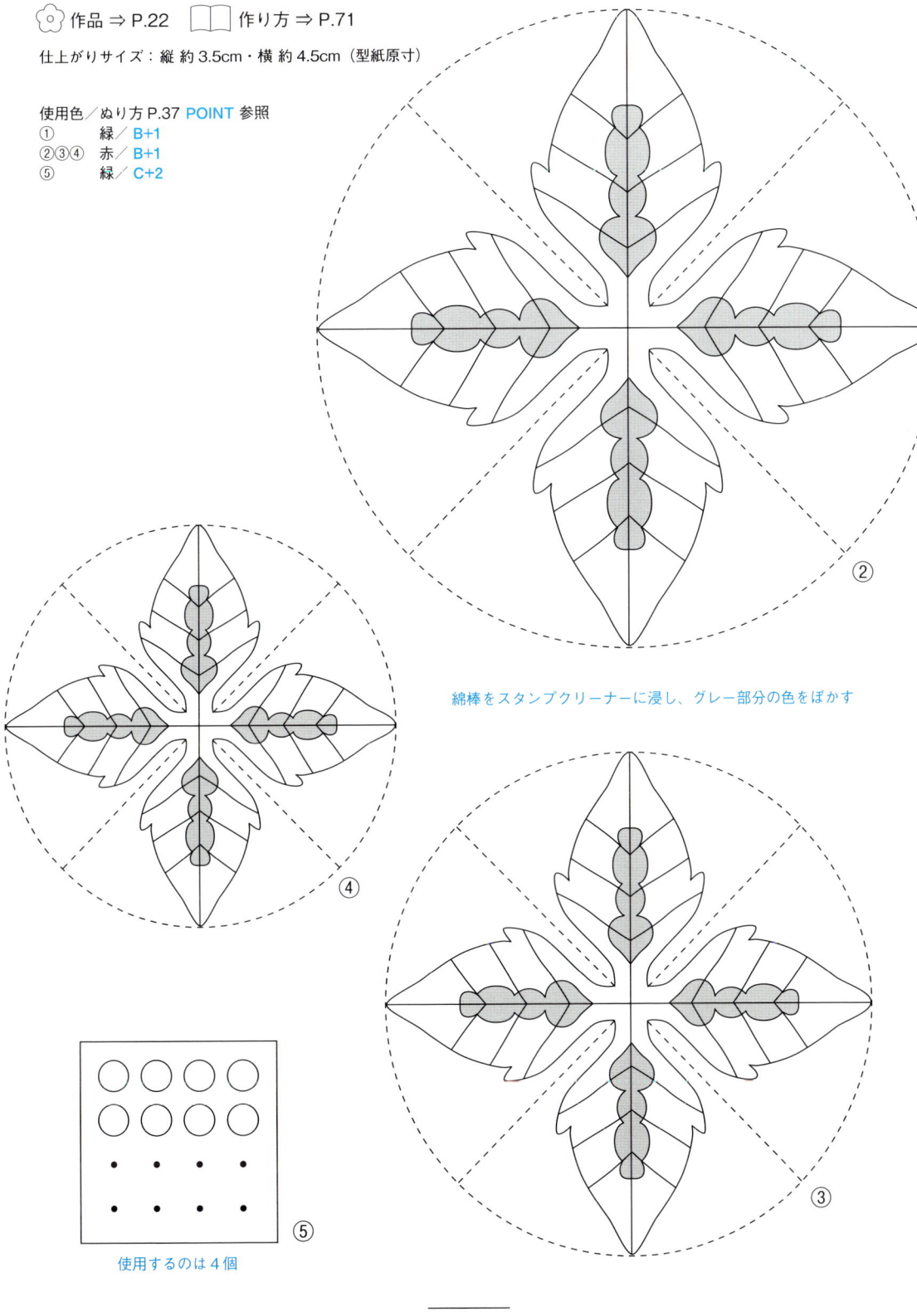

作品 ⇒ P.22　　作り方 ⇒ P.71

仕上がりサイズ：縦 約3.5cm・横 約4.5cm（型紙原寸）

使用色／ぬり方 P.37 POINT 参照
① 緑／B+1
②③④ 赤／B+1
⑤ 緑／C+2

綿棒をスタンプクリーナーに浸し、グレー部分の色をぼかす

⑤ 使用するのは4個

ひいらぎ | Pierce

作品 ⇒ P.22　　型紙 ⇒ P.76

- STEP 01　ベースを作る
- STEP 02　着色する
- STEP 03　模様を描く
- STEP 04　葉、実の輪郭線を切る・穴をあける
- STEP 05　オーブントースターで焼く
- STEP 06　立体に成形する
- STEP 07　各パーツを接着する
- STEP 08　アクセサリーパーツをつける

P.36〜41の基本の作り方を参照

STEP 02　着色する

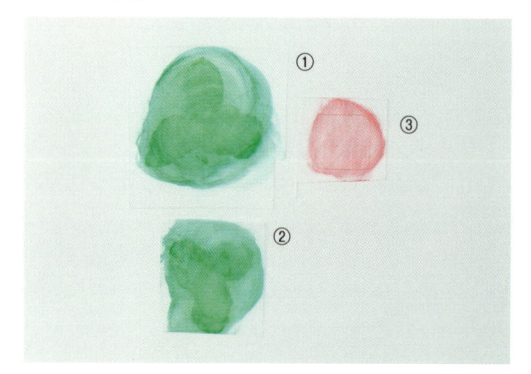

P.76型紙ページを参照してください。

STEP 06　立体に成形する

①②の葉はP.40 STEP 06 Bの方法で成形。四角形に切った③の実のプラバンは細かく切り刻んで高熱（160℃）で焼き、少し溶けたところで、親指と人差し指で転がしながら丸める。

STEP 07　各パーツを接着する

①②③の順に少量の接着剤で接着する。

STEP 08　アクセサリーパーツをつける

ピアス金具のカンに丸カンを通し、葉の穴とつなげる。●カン付きピアス金具、丸カン3.5mm 1個

ぼたん | Necklace

作品 ⇒ P.23　型紙 ⇒ P.77

STEP 01	ベースを作る
STEP 02	着色する
STEP 03	模様を描く
STEP 04	花の輪郭線を切る・切り込みを入れる
	（④の花芯は P.38 POINT A を参照）
STEP 05	オーブントースターで焼く
STEP 06	立体に成形する
STEP 07	各パーツを接着する
STEP 08	アクセサリーパーツをつける

P.36 〜 41 の基本の作り方を参照

STEP 02　着色する

P.77 型紙ページを参照してください。

STEP 06　立体に成形する

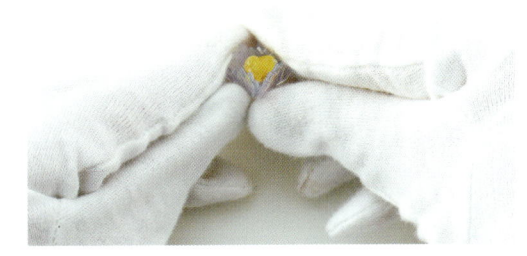

④の花芯は P.40 POINT C の方法で成形し、花芯を包むように③の花びらを折り込む。さらに②①の花びらも順に折り込むように成形する。※ややひし形にする。

STEP 07　各パーツを接着する

①から④の順に少量の接着剤で接着する。

STEP 08　アクセサリーパーツをつける

パールをテグスに通して両端をボールチップでとじる。スカシパーツに接着剤を薄くのばし、花を接着する。パールの両端のボールチップとスカシパーツを丸カンでつなげる。●コットンパール8mm（作品は 100 個）、スカシパーツ 1 個、テグス、丸カン 3.5mm 4 個、ボールチップ 2 個、つぶし玉 2 個

75

型紙

ひいらぎ

作品 ⇒ P.22　　作り方 ⇒ P.74

仕上がりサイズ：直径 約2cm（型紙原寸）

使用色／ぬり方 P.37 POINT 参照
①②　緑／ B+1
③　　赤／ C+2

とがった角は
はさみでカット

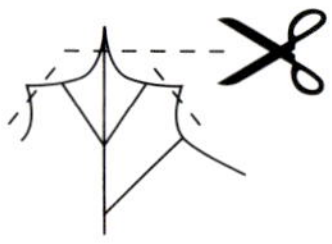

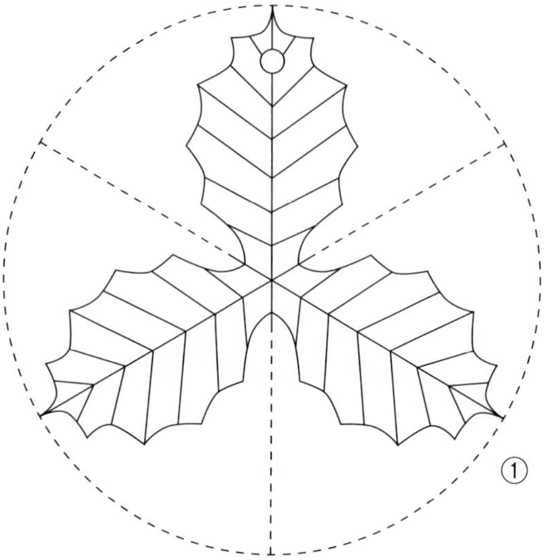

①

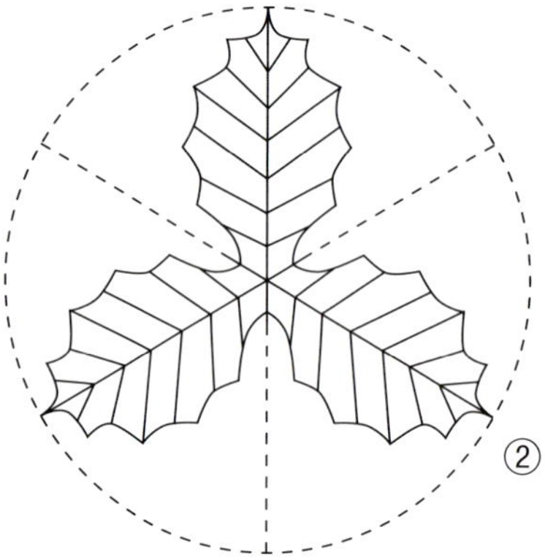

②

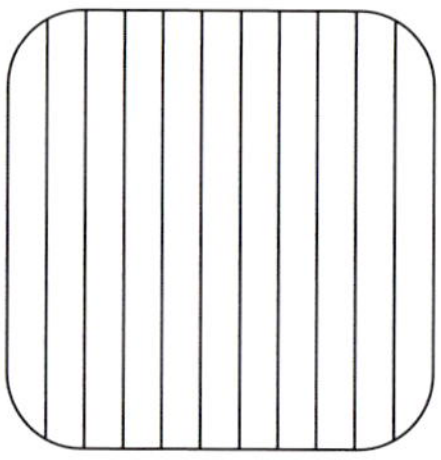

③

四角形の中を細かく切り刻む

型紙

ぼたん

- 作品 ⇒ P.23、26
- 作り方 ⇒ P.75

仕上がりサイズ：直径 約3cm（型紙原寸）

使用色／ぬり方 P.37 POINT 参照
① 青／A+1
  ↓
  赤／A+1
② 赤／B+1
  ↓
  青／B+1
③ 紫／B+1
④ 黄色／C+2

輪郭線のカーブは、プラバンを動かしながら一気に切る。多少ゆがんでも OK

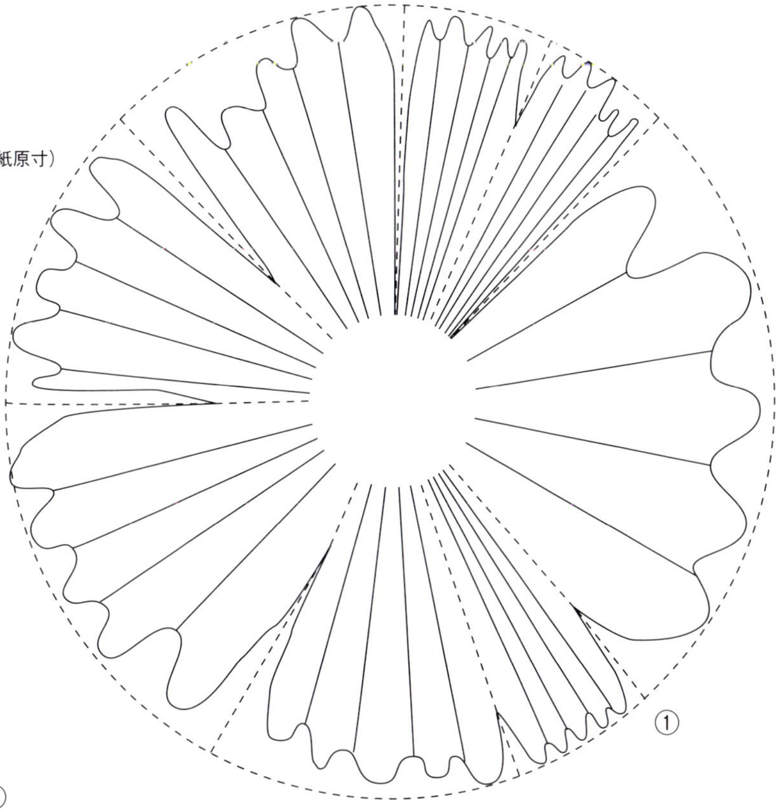

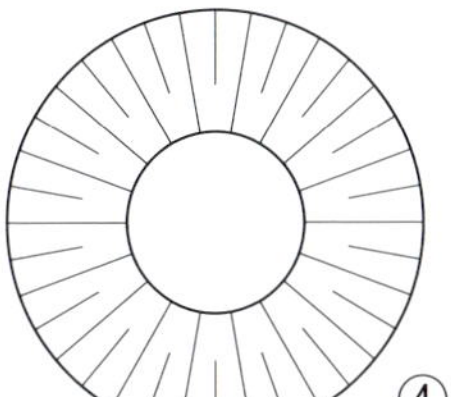

慣れてきたらもっと細かく切ってみましょう。よりきれいに仕上がります

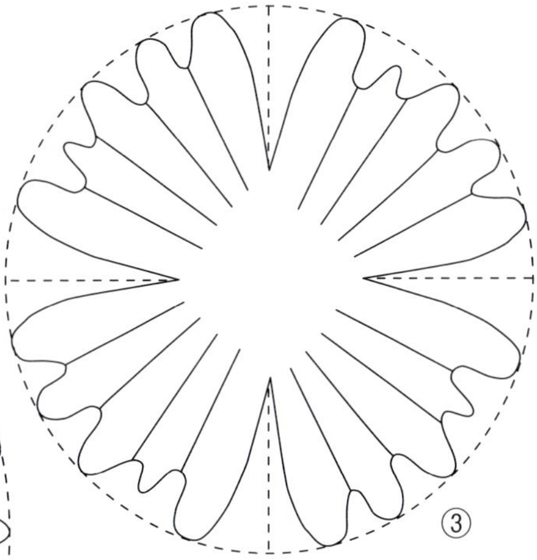

花びらの模様は、型紙の線を目安に自由に描いてもよい

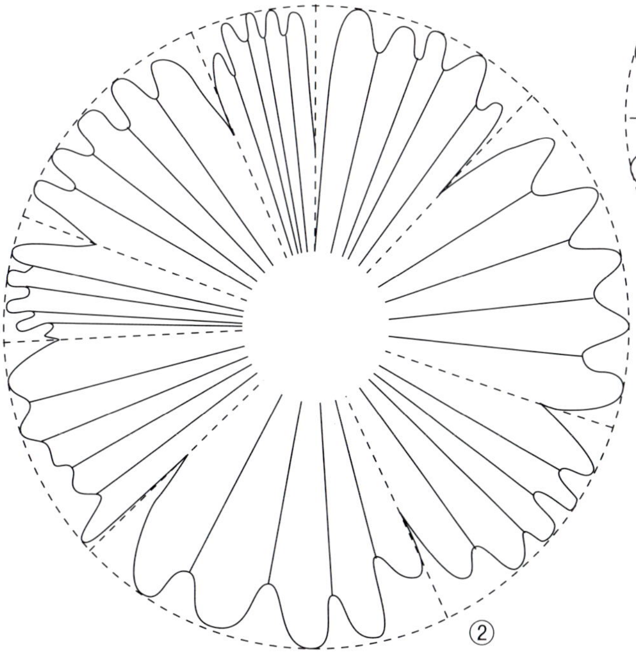

77

お花のマリアージュ　作り方

ヘッドドレス&ベール　作品 ⇒ P.25

たとえば、ウエディングなど特別な日もプラバンでステキにおしゃれ。好きな花を組み合わせて、とっておきのアクセサリーを作りましょう。

1. 大（型紙200％拡大）・中（型紙150％拡大）・小（型紙原寸）のアネモネとたんぽぽ5個に、大きさにあったスカシパーツを接着する。

● スカシパーツ40mm 2個・20mm 6個、レース 約20×8cm、コーム 35×20mm 2個、ベール用レース（作品は約90×50cm）※ベールのサイズは調節してください。

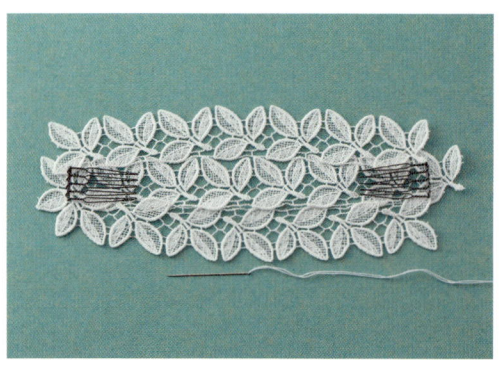

2. レースの裏側の両端にコームを縫いつける。※写真は約20×2.6cmのレースを3枚縫い合わせています。

4. ベール用のレースの表面に、裏面に接着剤をつけたさくらを接着。※花の大きさや個数はお好みで調整してください

3. 2のレースの表側に、アネモネとたんぽぽを接着した1のスカシパーツの部分を縫いつけて固定する。

5. 裏面からも接着する。接着剤は弾力性のあるタイプを使用。1カ所にさくらを集めて接着すると重みで垂れ下がるので、まんべんなく散らす。

ブートニア　　作品 ⇒ P.24

● ブローチピン

1．ゆり3本をマスキングテープで仮に束ねる。

2．P.57の型紙③のリボンをオーブントースターで焼き、茎に巻きつけながら成形し、細いノズルタイプの接着剤で接着する。ブローチピンに接着剤を薄くのばし花を接着する。

ネックレス　　作品 ⇒ P.26

● コットンパール8mm(作品は40個)、テグス、スカシパーツ20mm 3個・15mm 4個、Cカン3.5×4.5mm 24個、留め金具1組、ボールチップ4個、つぶし玉4個

1．スカシパーツをCカン3個ずつでつなぎ、接着剤を薄くのばし、アネモネ、たんぽぽ、ぼたん各1個と、さくら、パンジー各2個を接着する。アイビーは両端のスカシパーツにCカンでつなげる。

2．パールをテグスに通して両端をボールチップでとじ、片側の端に留め金具をCカンでつなげる。もう片方の端に1のスカシパーツをCカンでつなげる。

PROFILE

しば さおり

プラバン作家・絵描き。アートセラピーに興味をもち「癒し」「優しさ」をテーマにした作品を発表している。中でも花をモチーフとした立体プラバンには定評があり、雑誌や書籍への執筆をはじめ、イベントやワークショップなどを行う。共著に『プラバンのかんたんモチーフアクセサリー』(芸文社)などがある。

http://jasminemascot.com

本書で紹介する作品は、個人でお楽しみください。まったく同じデザインで制作した作品を頒布および販売することはご遠慮ください。みなさまの作品づくりの参考にしていただけたら幸いです。

STAFF

ブックデザイン	多喜 淳／6c	衣装協力	ippei takei
			tel：06 6942 1247
撮影	木村正史		www.ippeitakei.com
スタイリング	足立詠美(モデル)		
ヘアメイク	鬼頭有理砂	雑貨協力	Kica
モデル	Ryanne		tel：0798 76 5339
文・編集協力	宮前晶子		www.kica.co.jp
編集	フクハラミワコ		
		撮影協力	Cooperation PROPS NOW

プラバンで作るステキなお花のアクセサリー

2015年6月5日　第1版第1刷発行
2015年9月18日　第1版第2刷発行

著　者　しば さおり
発行者　安藤　卓
発行所　株式会社PHP研究所
　　　　京都本部　〒601-8411　京都市南区西九条北ノ内町11
　　　　　　　　　生活文化出版部　☎ 075-681-9149（編集）
　　　　東京本部　〒135-8137　江東区豊洲5-6-52
　　　　　　　　　普及一部　☎ 03-3520-9630（販売）
PHP INTERFACE　http://www.php.co.jp/
印刷・製本所　凸版印刷株式会社

©Saori Shiba 2015 Printed in Japan　　ISBN978-4-569-82282-2
※本書の無断複製（コピー・スキャン・デジタル化等）は著作権法で認められた場合を除き、禁じられています。また、本書を代行業者等に依頼してスキャンやデジタル化することは、いかなる場合でも認められておりません。
※落丁・乱丁本の場合は弊社制作管理部（☎ 03-3520-9626）へご連絡下さい。送料弊社負担にてお取り替えいたします。